Thomas Fritz

Wie Sie Ihre Familie zerstören ohne es zu merken

25 Anekdoten über die schlimmsten menschlichen Fehler beim Vererben und Verschenken und wie Sie es besser machen können

2011
HDS-Verlag
Weil im Schönbuch

HDS
Verlag

Bibliografische Information der Deutschen Bibliothek
Die Deutsche Bibliothek verzeichnet diese Publikation
in der Deutschen Nationalbibliografie; detaillierte bibliografische Daten
sind im Internet über http://dnb.ddb.de abrufbar

Gedruckt auf säure- und chlorfreiem, alterungsbeständigem Papier

ISBN: 978-3-941480-46-9

Harald Dauber
www.hds-verlag.de
info@hds-verlag.de

Layout und Einbandgestaltung: Peter Marwitz – etherial.de
Druck und Bindung: CPI – Ebner & Spiegel, Ulm

Printed in Germany
Dezember 2011

HDS-Verlag Weil im Schönbuch

Der Autor

Dr. Thomas Fritz ist Inhaber der Kanzlei Dr. Thomas Fritz Rechtsanwälte in München. Er war Vertreter der deutschen und bayerischen Industrie gegenüber dem bayerischen Landtag und den bayerischen Ministerien für den Bundesverband der Deutschen Industrie (BDI) und ist Autor zahlreicher Veröffentlichungen. Er ist u.a. Mitglied in der American Chamber of Commerce, dem Kaufmannscasino München, dem Exportclub München, dem Deutsch-Französischen Wirtschaftsclub, der Deutsch-Japanischen Gesellschaft und der Lebenshilfe.

Sie erreichen den Autor in der Kanzlei unter folgenden Kontaktdaten:

Tel.: 089/1783072
Fax: 089/1783748
E-Mail: mail@drthomasfritz.de
Internet: www.drthomasfritz.de

„Es ist allemal besser, zu zweit in einem Bett zu liegen als allein in einem Testament zu stehen."
(Honoré de Balzac)

Vorwort

Fasziniert verfolgen wir die großen Menschheits-Tragödien, die niemals ihren Reiz verloren haben. Zurzeit werden sie von Hollywood wieder entdeckt und verfilmt, was den positiven Effekt hat, dass sie sich neuerlich verbreiten. Seit Brad Pitt den Achill gibt, ist Troja wieder „in" und seit Odysseus für Hollywood reist, darf man ohne Angst, als Sonderling zu gelten, in die Symbolwelt der Sagen eintauchen. Da ist Kronos, der seine eigenen Kinder frisst; Lohengrin, dem keiner die entscheidende Frage stellen darf; Ödipus, der den eigenen Vater erschlagen muss; Kriemhild, die gerne ihr Leben gibt, wenn sie nur die eigenen Brüder töten kann; Göttervater Zeus, der seine Kinder und Halbgötter mit größtmöglicher Ungerechtigkeit behandelt und damit Hass und Zwistigkeiten programmiert, und so weiter und so fort.

Für die Faszination des Dunklen und des Schattens gibt es tausendundeins weitere Beispiele. Und in allen großen Epen spielt sich das Faszinosum der Zwietracht innerhalb der Familie ab: Die Parzival-Mutter Kundri oder die Königin der Nacht in der Zauberflöte bringen ihre Kinder zur Verzweiflung, weil sie dominieren müssen (müssen sie?); Abel wird vom Vater bevorzugt, daher muss ihn Kain erschlagen (muss er?). Zahllose Beispiele könnten hinzugefügt werden – Christus kam bis Eboli, aber nicht bis zur Familie.

Fasziniert von den großen Mythen sind wir natürlich auch deswegen, weil wir alle eine große Affinität zu diesen Grausamkeiten, diesem Hass, dieser Ungerechtigkeit, diesen Dominanzgelüsten etc. in uns tragen (wer würde sich sonst freiwillig im Kino oder TV die Filme von Schrecken, Mord und Totschlag ansehen?). Und wenn wir die Erkenntnis dieser Tatsache auch nicht unbedingt als angenehm empfinden mögen, so gibt es doch kaum einen unter uns, der nicht schon einmal eines seiner Kinder lieber gehabt hat als das andere, sein Kind gehasst und am liebsten umgebracht hätte (vom eigenen Mann oder der eigenen Frau ganz zu schweigen), der nicht seinen Bruder oder seine Schwester um die höhere Gunst der Eltern beneidet und deshalb gehasst, der nicht den Vater und/oder die Mutter in Gedanken getötet hätte. In Großfamilien sind die Objekte solcher Gelüste noch um ein Mehrfaches zahlreicher, nicht umsonst heißt es ironisch „eine große Familie – das ist ein Segen".

Die großen Tragödien und Epen können – wenn wir wollen – uns gleichzeitig lehren, dass Mord und Totschlag nicht zum gewünschten Erfolg führen. Sie regen an, zu überlegen, wie wir es besser machen können. Wie können wir für uns und unsere Familie ein friedliches Mit-, Neben- und Nacheinander praktizieren, wo doch laut allen großen Sagen Ungerechtigkeit, Neid und Hass scheinbar vorprogrammiert sind?

Eines der wichtigen Gebiete, die unserem eigenen Einfluss optimal zugänglich sind und wo wir enorm viel Schlechtes, aber auch enorm viel Gutes bewirken können, ist die Verteilung der materiellen Güter innerhalb der Familie.

Wenn Geschenke auch nicht unbedingt Ausdruck von Liebe sein müssen, so hat doch Liebe oft Geschenke zur Folge. Liebe ist Energie und wer genügend Liebe empfangen hat, braucht nichts anderes mehr. Aber wer von uns hat schon genügend Liebe empfangen, um von äußeren Liebesbeweisen völlig unabhängig zu sein? Daher spielt es eben in aller Regel doch eine große Rolle, wer von wem etwas geschenkt oder vererbt bekommt. Wer wird von den Eltern beim Schenken bevorzugt? Wer erbt am meisten? Der Lieblingssohn, der schon immer bevorzugt wurde, erbt auch noch den Hauptteil des Vermögens der Eltern – wer wollte der benachteiligten Schwester den Neid, die Trauer und vielleicht sogar die Wut und den Hass verdenken?

So brechen Familien auseinander, entstehen Kriege zwischen den Kindern, den Neffen, den Nichten, Cousins und Cousinen; die Stämme verfeinden sich und schon ist die griechische, römische oder germanische Tragödie in uns in vollem Gange. Und wenn diese Tragödien heute auch selten mit Schlachten, Mord und Totschlag enden, so toben sie doch in unseren Köpfen und Herzen, machen uns krank und führen häufig – spätestens seit das Duell verboten ist – zur gegenseitigen Verletzung durch Kränkungen oder noch schlimmer zum „Tot-Schweigen" aller Zwietracht.

Diese Geschichte der Menschheit können wir als unabänderlich akzeptieren oder aber uns zutrauen, es selbst ein Stück besser zu machen. Das ist nicht ganz einfach, weil es eine Abkehr von unseren – oft unbewussten – Denkmustern verlangt. Aber einen Versuch ist es allemal wert. Vielleicht bringt Sie das Buch, das Sie gerade in der Hand halten, auf die eine oder andere gute Idee.

München, im November 2011
Dr. Thomas Fritz

Zur Klarstellung:

Jegliche Ähnlichkeiten mit lebenden oder toten Personen wären rein zufällig.

Der Autor

Soweit in diesem Buch testamentarische Regelungen erwähnt werden, so sind diese ausnahmslos untechnisch formuliert. Verwenden Sie daher bitte in Ihrem eigenen Interesse keine der genannten Formulierungen, sondern formulieren Sie nur aufgrund von individuell ausgearbeiteten Vorlagen.

Mein persönlicher Dank gilt den Damen Barbara Zinn, Dr. Elisabeth Pyronnet, Olivia Fritz, Christine Döderlein und Katharina Robitsch sowie den Herren Dr. Philipp Knöll und Fabian Scheunemann, die mich geduldig unterstützt und damit zur Entstehung dieses Buches beigetragen haben.

Inhaltsverzeichnis

Der Autor V
Vorwort VII
Zur Klarstellung X
Gebrauchsanleitung XIV

1 **Richtiges Vererben und Verschenken will gelernt sein** 1
Warum wiederholen die meisten Menschen trotz eigener schlechter Erfahrungen die Fehler der vorherigen Generation?
2 **Das Tabu** 5
Die Macht der Tabus: Warum über das Wesentliche in Familien nicht gesprochen wird und die Folgen
3 **Ordnung und Chaos** 9
Im Leben ordnungsliebend, im Tod chaotisch – was ohne letztwillige Verfügungen mit der Familie passiert
4 **Das Haus** 13
Wie vererbe ich ein Haus, von dem ich weiß, dass es alle Erben haben wollen?
5 **Neid und Geiz über den Tod hinaus** 21
Wer vermag schon die eigenen Schwächen zu erkennen? Wie negative Empfindungen die letztwilligen Verfügungen ungerecht machen
6 **Licht und Schatten** 25
Die Schattenseiten des Verstorbenen belasten die Familie weit über dessen Tod hinaus
7 **Die Sehnsucht nach Unsterblichkeit** 31
Stifter und Stiftungen: Motive und Ziele
8 **Und die Macht und die Herrlichkeit in Ewigkeit** 36
Stifter und Stiftungen: Das Alte erhalten oder neue Visionen? Jeder von uns kann Visionär und Stifter werden
9 **Scheißt der Teufel immer auf den größten Haufen?** 43
Wie geerbtes Geld dorthin kommt, wo es wirklich gebraucht wird. Und wie Sie gute Ideen weitervererben können

10 Preis, Opfer und Verzicht 46
Unternehmensnachfolge: Was tun, wenn der auserkorene Kronprinz gar nicht will?
11 Wenn die Rechnung ohne den Wirt gemacht wird 50
Wenn die ältere Generation an den Bedürfnissen der jüngeren Generation vorbeiplant
12 Der König, der seine Macht nicht hergeben will 57
Soll die Unternehmensnachfolge gelingen, muss sich der Übergeber an die Spielregeln halten
13 Wenn der König den Sohn um den Thron betrügt 63
Das Gesetz des Dschungels oder kultiviertes Miteinander? Wenn die alte Generation ihre Versprechen nicht hält
14 Geld oder Liebe 68
Schenken und Vererben als Ausdruck von Wertschätzung und Zuneigung. Beim Geben und Nehmen innerhalb der Familie geht es nicht um Geld, sondern um Gefühle
15 Alle Karten auf den Tisch 73
Wie das Verschweigen wesentlicher Informationen die Familie zerstören kann
16 Ein klares Wort zur rechten Zeit 77
Familiengespräche über die Pläne, wie Eltern Ihr Vermögen an Ihre Kinder vererben wollen, müssen perfekt vorbereitet sein
17 Das heilsame Machtwort 81
Warum ein Testament so geschrieben sein muss, dass es für alle Familienmitglieder nachvollziehbar ist
18 Die Nibelungensage 83
Geld und Macht als Symbole für Wertschätzung und Geliebtwerden
19 Hass und Rache 90
Wie derjenige, der sich rächen will, sich dadurch wirtschaftlich sein eigenes Grab schaufelt
20 Bestechung und Käuflichkeit 95
Wenn die jüngere Generation durch Versprechungen, Macht und Geld manipuliert wird – heiligt der Zweck die Mittel?

21 Betrug von Todes wegen 99
Wie das Versprechen, sie als Erben einzusetzen, Menschen abhängig macht

22 Erbverträge sind auch nur Papier 103
Erbverträge als probates Mittel, andere um das versprochene Erbe zu bringen
Mangelnde Kommunikation in der Familie kann zur Zerstörung der Familie führen

23 „Über die Toten nichts als Gutes"? 107
Wenn die Alten den Familienzwist durch fehlende oder fehlerhafte Regelungen vorbereitet haben: Müssen sich die Kinder streiten oder welche anderen Möglichkeiten haben sie?
Wie aus Geschwisterkindern Helden wurden

24 Mein Wille geschehe 111
Katastrophale Folgen: Wenn an den Bedürfnissen des Ehepartners und der Kinder vorbeitestiert wird.
Und: Die besonderen Gefahren, wenn die Kinder beim Tod der Eltern noch minderjährig sind

25 Nur wer die Form hat, kann (sich) gehen (lassen) 121
Die falsche Form führt zur Ungültigkeit des Testamentes
Und: Bei großen Vermögen schon zu Lebzeiten mit dem Weitergeben anfangen: Schenken, Stiften, die eigenen Visionen leben

Glossar 126

Stichwortregister 141

Gebrauchsanleitung

Sollten Sie, sehr verehrter Leser, enttäuscht sein, dass Ihnen das vorliegende Buch nur 25 Beispiele bietet, wie Sie Ihre Familie zerstören können, so können wir Sie beruhigen. Es gibt noch viel mehr. Im vorliegenden Buch werden lediglich einige wenige Grundmuster vorgestellt, die sich beim Familienzerstören ganz besonders bewährt haben. Für die, die an der Zerstörung weniger interessiert sind als an der Vermeidung derselben, ist in fast allen Kapiteln die Anleitung, wie Sie es besser machen können, gleich mit enthalten.

Denjenigen, deren Zerstörungskraft nach Lektüre dieses Buches noch nicht gebrochen ist, empfehlen wir das vom gleichen Autor erschienene Buch **„Wie Sie Ihr Vermögen vernichten ohne es zu merken“**. Dort geht es ebenfalls um das Thema Vererben und Erben, wenn auch mit anderem Schwerpunkt: In jenem Buch geht es um die Vermögensvernichtung bzw. ihre Vermeidung, während es im vorliegenden Buch um die Zerstörung der zwischenmenschlichen Beziehungen bzw. deren Erhalt geht.

Und schließlich gilt natürlich: Dem freien Geist sind keine Schranken gesetzt. Zerstören Sie oder bewahren Sie Ihr Vermögen und Ihre familiären Beziehungen ganz nach Gusto und Herzenslust.

1 Richtiges Vererben und Verschenken will gelernt sein

Warum wiederholen die meisten Menschen trotz eigener schlechter Erfahrungen die Fehler der vorherigen Generation?

Anekdote 1

Stellen Sie sich einmal vor, Sie begegneten Ihrem Schulfreund – James Best –, der immer Klassenbester war, gut aussehend, brillant und erfolgreich. Das letzte Mal, als Sie von ihm hörten – kurz nach der Schulzeit – führte er bereits seine erste gut gehende Firma. Jetzt mit 60, treffen Sie sich zufällig am Flughafen und beschließen, Ihr Wiedersehen zu feiern. Dabei erfahren Sie seine Lebensgeschichte:

„Mit 30 war ich schon zu reich, um mein Geld noch in diesem Leben auszugeben. Ich weiß nicht genau warum, aber ziemlich genau zu dieser Zeit schmiss ich meine erste Frau aus dem Haus samt meiner zwei Kinder, gab ihnen nicht mehr als das Allernötigste und begann an der Börse zu spekulieren, wo ich innerhalb von 12 Monaten alles verzockte.

Da man mich in meiner Branche gut kannte, kam ich rasch wieder auf die Beine und vier Jahre später war ich wieder ganz oben. Ich heiratete wieder und genoss einige Jahre mit meiner neuen Frau und neuen Kindern. Als ich 43 war, hatte ich wieder mehr Geld als ich ausgeben konnte. Ziemlich genau zu dieser Zeit packte mich eine unglaubliche Wut auf meine Frau und warf diese mitsamt den Kindern aus dem Haus. Mein beträchtliches Vermögen übertrug ich auf meine damalige Geliebte mit der Bitte, gut darauf aufzupassen, während ich mich auf eine zweijährige Abenteuerreise um die Welt begab. Als ich zurückkam, war meine Geliebte glücklich mit meinem Geld und einem anderen Mann verheiratet.

Gott sei Dank hatte ich einen guten Namen in der Branche und so war ich bereits drei Jahre später wieder ganz obenauf. Mit 51 heiratete ich zum dritten Mal und genoss einige schöne Jahre mit meiner neuen Frau und meinen neuen Kindern. Ich weiß auch nicht warum, aber vor einem Jahr packte mich wieder einmal eine unheimliche Wut gegen meine Ehefrau und ich schmiss sie mit den Kindern aus dem Haus. Mein Vermögen verzockte ich innerhalb von 12 Monaten an der Börse. Derzeit bin ich wieder auf dem aufsteigenden Ast, denn Gott sein Dank habe ich in der Branche einen guten Namen …".

„Halt!", sagen Sie an dieser Stelle und sagen ihm, welchen Eindruck er auf Sie macht: „Du bist zwar Dein ganzes Leben lang intelligent, brillant und erfolgreich, gleichzeitig hast Du aber eine allerschwerste Macke, denn Du baust auf, zerstörst, baust auf und zerstörst und so weiter und so fort. Hast bereits drei Familien mit insgesamt 8 Kindern ruiniert, wirst von allen, die Dich einmal liebten, gleichermaßen gehasst und von niemandem mehr ernst genommen, außer von denen, die sich momentan einen geschäftlichen Vorteil von Dir erhoffen. Wenn auch jeder sein Geld ausgeben kann, wie es ihm beliebt, so bist Du zwar ein geschäftliches Genie, aber menschlich ein Totalversager."

Wer wäre nicht der Meinung, dass bei James Best etwas tiefgreifend und grundsätzlich nicht stimmt? Er macht immer wieder die gleichen schweren Fehler. Er müsste doch wissen, was dabei herauskommt. Er fügt sich und seiner Familie sehenden Auges mit immer dem gleichen Fehler immer wieder den gleichen Schaden zu. „Der Mann ist doch krank; der leidet doch unter Wiederholungszwang", werden Sie als intelligenter Leser sagen. Und Sie haben recht.

„Normal" ist sein Verhalten aber trotzdem: Die allermeisten Menschen zerstören mindestens einmal in ihrem Leben all das, was sie aufgebaut, gesammelt und – meistens – für die nächste Generation aufbewahrt haben. Es ist die schweigende absolute Mehrheit der Bevölkerung (die verehrten Leser dieses Buches natürlich ausgenommen), die durch Nichtstun oder falsches Handeln, bewusst oder unbewusst, bei ihrem Tod ihre Erben und ihr Vermögen ruinieren. Und dieses finanzielle, vor allem aber menschliche Desaster findet – wie bei unserem James Best – mit vorhersehbarer Regelmäßigkeit statt: Jeweils am Ende des Lebens der alten Generation. Wer von Ihnen dies in der eigenen Familie noch nicht erlebt hat, möge sich die Statistiken ansehen, die wir Ihnen an dieser Stelle ersparen wollen. Die schweigende absolute Mehrheit regelt das, was nach ihrem Tod geschehen soll, überhaupt nicht oder aber falsch (was im Ergebnis häufig auf das Gleiche hinausläuft). Die Folge dieses – bewussten oder unbewussten – Verhaltens sind Streit und Hass unter den Kindern und infolgedessen meist auch unter den Kindeskindern, oft jahrelange Auseinandersetzung zwischen dem überlebenden Ehegatten und den – eigenen oder zugeheirateten – Kindern und infolge dieser menschlichen Tragödien Zerschlagung und Vernichtung von Vermögen und Familie. Im Ergebnis also die gleichen Resultate wie in unserem Eingangsbeispiel, nur mit dem kleinen Unterschied, dass die Zerstörung am Ende des Lebens geschieht, das heißt nur einmal statt dreimal im selben Leben wie bei James Best.

Wie die Geschichte lehrt, wiederholen sich die Ereignisse in der nächsten Generation mit an Sicherheit grenzender Wahrscheinlichkeit. Laut Bibel brauchen selbst Familien, die es nach ihren eigenen schlechten Erfahrungen in der kommenden Generation besser machen wollen, sieben Generationen, um alle Zwistigkeiten auszuheilen. Damit stellt sich die Frage, wie wir, das heißt auch Sie, verehrter Leser, mit diesem Thema umgehen wollen.

Dabei haben wir zugegebenermaßen das Problem, dass wir die von uns zu unserem Lebensende verursachten Katastrophen in aller Regel nicht voraussehen, geschweige denn ihre Mechanismen verstehen.

Wenn dann das Desaster eintritt, hat sich der Verursacher bereits aus dem Staub gemacht. Und die überlebenden Erben? Statt aus den Fehlern der Toten zu lernen, erschöpfen sie sich in Bruderkriegen, um an ihrem Lebensende in der Regel die gleichen Fehler zu begehen.

Um es besser zu machen, benötigen die Betroffenen – und das ist jeder von uns – die Einsicht, wo wir bereits heute im Begriff sind, Samen für unsere postmortalen Katastrophen auszusäen. Wer diese Analyse verweigert, versündigt sich – biblisch gesprochen – an seinen Nachkommen. Für das Erkennen der schlummernden Konflikte und ihre Entschärfung bedarf es in der Regel professioneller Hilfe. Außenstehende tun sich naturgemäß in der Analyse dessen, was passieren und wie es besser gemacht werden kann, wesentlich leichter.

Bei der Frage, „wie regle ich meine Dinge für die Zeit nach meinem Tod?" sollten Sie sich helfen lassen – so wie Sie ja auch nicht ohne Berater Ihre geschäftlichen Angelegenheiten oder die Verwaltung Ihres Vermögens organisieren.

Zudem gilt die alte Weisheit: „Am Ende des Lebens wird die Lage unübersichtlich": Das während unseres Lebens bestehende Privileg, die Früchte unserer Taten selbst zu erleben und daraus lernen zu können, haben wir bei der Planung dessen, was nach unserem Tod mit unserem Vermögen und unserer Familie geschehen soll, nicht; umso wichtiger sind vorausschauendes Überlegen und professionelle Planung. Vielleicht geben Ihnen die folgenden Anekdoten und Betrachtungen die eine oder andere Inspiration.

Die Macht der Tabus: Warum über das Wesentliche in Familien nicht gesprochen wird und die Folgen

Anekdote 2

Die Vorfahren von Hannes Redlich waren im 18. Jahrhundert als Calvinisten von Genf nach Süddeutschland ausgewandert. Im 19. Jahrhundert hatte sein Ur-Ur-Großvater in die Stuttgarter Familie Ehrlich eingeheiratet, die einer puritanischen Glaubensgemeinschaft angehörte.

Das tragende Element im Leben der Familie Redlich war die Arbeit und der angestrebte materielle Erfolg, der aber – so das unausgesprochene Verbot – nie nach außen demonstriert werden durfte. Das Leben der Familie Redlich hätte man in drei Kurzformeln zusammenfassen können:

Arbeite viel, damit Du viel Geld verdienst.
Über Geld redet man nicht.
Lobet den Herrn.

Solcherart moralisch vorgeformt und außerdem ausgestattet mit gutem Aussehen und Charme nach Schwiegermutterart, heiratete Hannes in eine ebenfalls gläubige und wohlhabende Familie, mehrte das Familienvermögen, ehrte seine Frau, erzog seine beiden Söhne und verhielt sich auch ansonsten angenehm unauffällig.

Im Sommer 2011 – er war inzwischen 62 Jahre alt – fuhr Hannes in eine Klinik in der Schweiz zur Kur, wie er sagte, um sich gründlich zu erholen und neuen Elan zu tanken. Vier Wochen später erhielt die Familie die Nachricht von Hannes Tod. Ein Testament hatte Hannes nicht hinterlassen, obwohl dies angesichts der komplizierten Vermögens- und Besitzverhältnisse das – wie die Familie meinte – mindeste gewesen wäre, was Hannes hätte vorher noch erledigen können.

Die Mutter und die beiden Söhne waren wie vor den Kopf geschlagen. Was war passiert?

Nach Auskunft der Ärzte und der eingeschalteten Detekteien stellte sich Folgendes heraus: Hannes wusste schon seit längerer Zeit, dass er an Krebs erkrankt war. In der Schweizer Klinik hatte er versucht, mithilfe einer alternativen Heilmethode wieder gesund zu werden. Gleichzeitig stellte sich heraus, dass Hannes seit vielen Jahren einen Großteil seines Vermögens verschenkt hatte, und zwar an einen der Familie bis dato völlig unbekannten Freund und Geliebten.

Das war der Familie dann doch zu viel. „Diese Geschichte muss streng unter Verschluss gehalten werden“, entschied die Witwe. Sie und die Söhne erklärten den Vater als beim Bergsteigen tödlich abgestürzt und verhielten sich somit geradewegs so wie der Vater Hannes, dem sie ebendiese „Heimlichtuerei“ vorwarfen. Über das, was von Hannes Vermögen noch übrig war, wurde – mangels Testament – in der Familie gestritten, der Familienfriede war beim Teufel.

Es gibt eine ganze Reihe von Gründen, warum richtiges Sterben und Vererben (aber auch Verschenken) schwierig ist. Einer der Gründe ist, dass beim Sterben und Vererben Tabus berührt werden. Über das Thema „Tabu“ ist viel geschrieben worden. Ein Tabu ist etwas, was in der jeweiligen Gesellschaft „totgeschwiegen“ wird, etwas „worüber man nicht spricht“, was aber gleichzeitig von – möglichst – allen respektiert wird. Beim Vererben geht es gleich um mehrere Tabus, die berührt werden, was dazu führt, dass wir uns mit einem unbefangenen Umgang mit diesem Thema schwertun, ja den Umgang damit am liebsten vermeiden würden. Das war im Übrigen auch genau die Verhaltensweise von Hannes, bis es zu spät war.

Da ist einmal das Tabuthema „Tod“. Speziell in unserer heutigen Gesellschaft, in der wir uns alle mehrfach „jünger operieren lassen“ können, haben viele schon gar keine Lust, älter zu werden und zum Sterben erst recht nicht. Hinzu kommt, dass keiner von uns genau weiß, was ihn nach dem Tod erwartet. Viele vermuten – begründet oder unbegründet – generell etwas Schlimmes und für sich im Speziellen das Schlimmste. Warum viele auf dieser Welt gar nicht glücklich sind und trotzdem nicht sterben wollen, auch das ist ein Geheimnis, das zum Tabu Tod gehört. Hannes war ein typisches Opfer dieses Tabus. Obwohl er seine Krankheit kannte, wollte er den damit verbundenen Tod doch nicht akzeptieren und versuchte, ihm bis zum letzten Augenblick zu entkommen. Dazu gehörte auch, dass er kein Testament machte, denn sonst hätte er sich – nach landläufiger Meinung – dem Tod ja bereits geschlagen gegeben (das ist übrigens **der** Grund, warum die meisten das Testament-Machen scheuen wie der Teufel das Weihwasser).

Das zweite Tabuthema, das beim Vererben (aber auch beim Verschenken) berührt wird, ist das Geld. „Über Geld spricht man nicht“ ist ein klassischer Spruch (warum eigentlich nicht?). Effekt des „Über Geld spricht man nicht“ ist, dass die meisten nichts Wichtigeres zu tun haben, als möglichst viel davon abzubekommen. Wenn aber schon alle danach drängeln – warum heißt es dann gleichzeitig „Über Geld spricht man nicht?“ Auch diese Widersprüchlichkeit ist ein Teil des Tabus. In dieser Widersprüchlichkeit war auch Hannes Redlich und seine Familie gefangen: Der erste Glaubenssatz der Familie war, möglichst viel Geld anzusammeln und der zweite Glaubenssatz, dass man eben über das, was man am meisten begehrte, nicht sprechen dürfe. Konsequenterweise sprach Hannes weder darüber, wer nach seinem Tod sein Vermögen erhalten würde, noch darüber, dass er es zum großen Teil bereits zu seinen Lebzeiten weggegeben hatte.

Damit sind wir beim dritten großen Tabu, der Sexualität. Auch dieses Tabuthema spielt beim Vererben und Verschenken häufig eine größere Rolle als allgemein angenommen: Dass ein angesehener Bürger und Familienvater seine Homosexualität und seinen Geliebten zu verheimlichen sucht, ihn aber gleichzeitig materiell versorgen will, ist ein klassischer Ausdruck des Tabus. In anderen Familien taucht nach dem Tod des Vaters plötzlich der nichteheliche Sohn auf und verlangt sein Erbe. Warum hat der Vater nie darüber gesprochen? Erst nach dem Tod des französischen Präsidenten

Mitterand kam seine nichteheliche Tochter zum Vorschein – warum kann ein Mann nicht Präsident sein, nur weil er eine nicht eheliche Tochter hat? Auch diese Unerklärlichkeit ist eben gerade ein Merkmal des Tabus.

Nichts gegen Tabus – vielleicht brauchen wir sie. Wichtig ist nur, zu verstehen, dass das Tabu, das Unausgesprochene, unser Leben in hohem Maße – meist unbewusst – bestimmt und es verkompliziert. Wenn wir den Einfluss des Tabus auf unser Denken und Verhalten erkannt haben, beginnen wir auch zu verstehen, warum die meisten Menschen bei dem Thema der Weiterübertragung von Vermögen – insbesondere von Todes wegen – viel mehr Schwierigkeiten haben **müssen** als sie zu haben **glauben.** Von diesen Schwierigkeiten, aber auch von der Lösung, wie wir es relativ leicht sehr viel besser machen können, handeln die nächsten Kapitel.

Im Leben ordnungsliebend, im Tod chaotisch – was ohne letztwillige Verfügungen mit der Familie passiert

Anekdote 3

Adalbert Klug entstammte einer zufriedenen gutbürgerlichen Familie. Seine Eltern hatten ihm beigebracht, dass es gut sei, wenn alles seine Ordnung habe. Ordnung entsprach auch Adalberts freundlichem Wesen. Er machte einen guten Schulabschluss, anschließend eine kaufmännische Lehre und war anschließend als Buchhalter bei verschiedenen Firmen beschäftigt. Mit der Zeit ging ihm der gute Ruf voraus, dass er in jeder Firma, in die er eintrat, die Buchhaltung und „den ganzen Laden wieder in Ordnung" bringen würde. Dies brachte ihm schließlich bis in die Vorstandsetage eines großen Unternehmens. Nach seiner Pensionierung widmete sich Adalbert liebevoll der großen Briefmarkensammlung seines verstorbenen Vaters, die er ordnete und vervollständigte.

Als Adalbert Klug mit 73 Jahren auf einer Briefmarkenauktion an Herzversagen starb, hinterließ er eine Ehefrau, drei mehr oder weniger gut geratene Kinder, ein umfangreiches Vermögen und kein Testament.

Das Fehlen eines Testaments führte dazu, dass sich nach Adalbert Klugs Tod sein bis dato mustergültiges Leben posthum in Chaos verwandelte: Seine Witwe hatte nicht Adalberts ordentlichen und ordnenden Charakter und seine Kinder waren weniger auf Harmonie bedacht als er – vielmehr etwas aggressiv und streitlustig. Allen gemeinsam war, dass sie gleichermaßen an den edlen Vermögenswerten hingen, die Adalbert hinterlassen hatte. Die Liebe zum Briefmarkensammeln hatten die beiden Söhne vom Großvater und Vater geerbt. Die wertvolle Briefmarkensammlung wollte sowohl der eine als auch der andere Sohn haben. In dem Ferienchalet in den Dolomiten hatte die Familie 30 Jahre lang glückliche Ferien verlebt – diese Ferienwohnung wollte sowohl die Tochter als auch die Ehefrau haben. Über die Unternehmensbeteiligung, die schon der Vater vom Großvater geerbt hatte, konnten sich die beiden Söhne nicht einigen; nicht nur wegen deren Wert, sondern auch, weil sie mit einem einflussreichen Beiratsposten und damit gesellschaftlichem Ansehen gekoppelt war. Der Wert der Gemäldesammlung von Adalbert war hoch, die Bilder wunderschön und – wen wundert's – jeder in der Familie wollte die gleichen weil schönsten Bilder haben. Die beiden Söhne stritten sich zusätzlich noch um die drei Oldtimer-Sportwagen des Vaters. Kurzum: Aus der von Adalbert Klug geduldig gepflegten und zusammengehaltenen Familie wurde ein Quartett rivalisierender Egoisten, von denen jeder gerne alles haben wollte und umgekehrt dem anderen auch nicht den Hauch eines Vorteils gönnte. Bereits ein halbes Jahr nach Adalberts Tod befanden sich seine Erben in mehreren Gerichtsprozessen, die die Familie dauerhaft entzweiten.

„Versteht Ihr Euch noch oder habt Ihr schon geerbt?" heißt die ironische Frage, mit der sich alte Freunde nach der Familie erkundigen, wenn sie sich längere Zeit nicht gesehen haben. Was so leicht dahingesagt klingt, hat – wie die meisten Sprichwörter – einen sehr realen Hintergrund: Nirgendwo wird so viel gestritten wie nach dem Tod eines Menschen um dessen Erbe.

„Um den Krieg zu beginnen, braucht es nur einen, um Frieden zu schließen, braucht es zwei". Auch dieser Spruch trifft auf das Vererben zu: Zwar hinterlässt die ältere Generation in aller Regel keine ausdrückliche Kriegserklärung, aber – mit oder ohne Testament – eine Situation, die die nächste Generation – warum dies auch immer so sein mag – häufig zwingt, sich zu streiten. Und dass es wesentlich schwieriger ist, den Krieg zu beenden als ihn zu beginnen, besagt schon das obige Sprichwort.

Bevor der Streit auch in Ihrer Familie (möglicherweise zum wiederholten Male) ausbricht, lohnt es sich, darüber nachzudenken, ob das zwangsläufig immer so laufen muss.

Erbstreitigkeiten sind übrigens völlig unabhängig von der Höhe des Vermögens. Über kleine Erbschaften wird genauso viel gestritten wie über größere oder ganz große. Das Muster ist immer das gleiche.

Interessanterweise glauben die meisten Menschen, dass sie, wenn sie ein Testament gemacht haben, bereits halb tot sind. Aus eben diesem Grund machen so wenige Menschen ein Testament. Anscheinend gibt die Unterlassung den Menschen das Gefühl, den Tod etwas mehr auf Distanz geschoben zu haben. Schließlich habe „man" ja noch viele Jahre, in denen „man dann ja mal was machen kann".

Diese Rechnung, bei welcher der Wunsch der Vater des Gedankens ist, geht natürlicherweise meistens nicht auf. Die Ergebnisse entsprechen regelmäßig dem Ergebnis bei der Familie Klug (die Familie der verehrten Leser natürlich ausgenommen). Durch seine Schlamperei hatte unser Adalbert Klug die Ordnung und das gute Einvernehmen innerhalb seiner Familie versaut.

Hintergründig müssen wir uns die Frage stellen: Wie kommt ein von Kindheit an ordnungsliebender Adalbert Klug, dessen respektable Berufung es ist, Dinge zu ordnen und die Ordnung zu bewahren, dazu, anlässlich seines Todes Chaos zu erzeugen? Oder, anders formuliert: Warum hat ein vorausschauender Adalbert Klug nicht mithilfe eines Testamentes auch für die Zeit nach seinem Tod Ordnung hinterlassen?

Mangelnder Ordnungssinn, mangelndes Verantwortungsbewusstsein und mangelndes Vorausschauen sind sicherlich nicht die Vorwürfe, die man Adalbert Klug machen kann. Wie also kommt ein respektabler und intelligenter Durchschnittsbürger dazu, alles was er aufgebaut hat, im Moment seines Todes abzureißen und im zwischenmenschlichen Chaos untergehen zu lassen?

Auf diese Frage gibt es unterschiedliche Antworten: Wir könnten beispielsweise mutmaßen, dass Adalbert Klug seine Familie nicht wirklich mochte und er anlässlich seines Todes all diejenigen, die ihm Zeit seines Lebens auf die Nerven gegangen waren, posthum bestrafen wollte.

Wenn man ihm solche bösen Absichten nicht unterstellen will, so könnte man doch zumindest auf die Idee kommen, dass Adalbert Klug das Wohlergehen seiner Familie letztlich völlig egal war. Ihm eben dieses zu unterstellen, hätte Adalbert Klug zu seinen Lebzeiten sicherlich entrüstet zurückgewiesen, aber genau so hatte er sich verhalten.

Interessant an dieser Geschichte ist auch, dass Adalbert Klug mit der relativen Ordnung in seinem Leben, mit der von ihm praktizierten Beständigkeit, in der bürgerlichen Aufzucht seiner Kinder und seinem Interesse am Vermögenserwerb 90 Prozent unserer Bevölkerung repräsentiert. Und interessanterweise auch darin repräsentiert, dass 90 Prozent der Bevölkerung kein Testament macht bzw. – so sie es machen – ein solches hinterlassen, das häufig nicht den Effekt oder häufig sogar gerade den entgegengesetzten Effekt von dem hat, den der Verstorbene im Auge hatte bzw. im Auge hätten haben sollen.

Philosophen sprechen hier vom sogenannten Polaritätsgesetz: „Ohne Schatten kein Licht." Dort wo es Ordnung gibt, muss es auch Chaos geben. Wer von uns hat keinen Bekannten, der sehr diszipliniert lebt, aber als „Quartalssäufer" ab und zu „die Sau rauslassen muss"? Anlässlich des Todes ordnungsliebender Bürger scheint es fast normal zu sein, dass nach ihrem Tod Streit und Chaos ausbrechen. „Kaum war der Alte eingescharrt, da ging es auch schon drunter und drüber" heißt es in einem hessischen Märchen. Die meisten von uns (Sie, verehrter Leser, nach der Lektüre dieses Buches natürlich ausgenommen) haben weder die Erfahrung noch die Phantasie, was in der Familie unerkannt schwelt und nach unserem Tod ausbrechen kann.

Merke:
Wer seine Familie auch nach seinem Tod zusammenhalten will, muss – und zwar vor seinem Tod – seinen letzten Willen glasklar und juristisch perfekt formulieren.

Wie vererbe ich ein Haus, von dem ich weiß, dass es alle Erben haben wollen?

Anekdote 4

Die Randolfs waren seit Generationen eine intelligente und strebsame Familie des deutschen Bürgertums gewesen. Wie hunderttausende andere Familien war auch ihre Geschichte von den Kriegen geprägt: Was der Urgroßvater erschaffen hatte, fiel dem Ersten Weltkrieg und der ersten Währungsreform zum Opfer. Was der Großvater anschließend in Westpreußen erwarb, wurde nach dem Zweiten Weltkrieg enteignet. Nach Krieg und Gefangenschaft arbeitete Vater Ron Randolf für einen deutschen Autohersteller, der ihn innerhalb seiner Dienstzeit 15-mal versetzte.

Einziges Kontinuum in diesen rastlosen Zeiten war ein Haus in den Weinbergen bei Meersburg am Bodensee, das der Urgroßvater 1904 für die Sommerfrische erworben hatte, und das – unbemerkt – sämtliche Kriege und sonstigen Wirren überstanden hatte. Hierhin zog sich Ron Randolf nach seiner Pensionierung zurück.

Ron und seine Frau Ruth hatten drei Kinder: Rolf, der älteste arbeitete als Maschinenbauer in Friedrichshafen. Die Tochter Rebecca lebte in Münster, hatte vier Kinder (davon eines behindert), war geschieden und arbeitete als Lehrerin. David, der Jüngste, arbeitete als Banker in Zürich. Als sich Ron und Ruth Randolf, beide begeisterte Segelflieger, bei einem Ausflug in den Schweizer Luftraum verirrten, wurden sie von der Schweizer Flugabwehr abgeschossen und waren auf der Stelle tot. Der anschließende Erbstreit zwischen den Kindern endete nicht weniger kriegerisch als das Leben der Eltern.

Rolf, der älteste, meinte, dass er als der Erstgeborene das Recht auf den Familiensitz habe. Außerdem habe er noch kein eigenes Haus und könne von Meersburg aus bequem nach Friedrichshafen zur Arbeit fahren.

Die Tochter Rebecca legte mehrere Briefe vor, aus denen ersichtlich war, dass der Vater ihr als seiner einzigen Tochter ganz besonders zugetan war und ihr wegen ihres behinderten Kindes und ihrer Scheidung gerne das Haus überlassen hätte.

David, der inzwischen sehr wohlhabende Banker, hatte seinen Anspruch auf das Haus zunächst damit begründet, dass er der Einzige sei, der die beiden anderen Geschwister auszahlen könne. Einige Monate nach dem Tod der Eltern fiel David in seiner Bank ein schwerer Sack mit griechischen Staatsanleihen auf den Kopf und David blieb halbseitig gelähmt. Seither verwies David bei jeder Gelegenheit darauf, die Eltern hätten sicherlich gewollt, dass er als der im Rollstuhl Sitzende den schönen Blick über den Bodensee genießen solle.

Alle drei Kinder hingen gleichermaßen intensiv an dem Haus. Das Haus symbolisierte für sie die Tradition und hatte den Nimbus der Beständigkeit in der hektischen Zeit, als sie mit ihren Eltern alle drei Jahre in eine neue Stadt versetzt worden waren.

Nach 1 ½ Jahren fruchtloser Diskussionen darüber, wer das Haus bekommen solle, wurden die Auseinandersetzungen unfreundlicher. Die Geschwister gerieten sich in die Haare und – aufgehetzt durch ihre Eltern – sprachen auch ihre Kinder – die Cousinen und Vettern – nicht mehr miteinander. 24 Monate nach dem Tod der Eltern waren die Bemühungen um den Erhalt des Hauses und des Familienfriedens gescheitert. Es kam zur Zwangsversteigerung. Obwohl alle drei Geschwister mitboten, kam das höchste Gebot von dem Weinbauern, dem auch die umliegenden Weinberge gehörten. Das Haus war aus dem Leben der Familie Randolf verschwunden.

Über im Nachlass befindliche Häuser wird besonders häufig gestritten. Warum ist das so?

Die einfachste und wohl – auch – zutreffende Antwort dürfte sein, dass in den meisten Nachlässen das Haus (bzw. eine Wohnung) den größten im Nachlass befindlichen Vermögenswert darstellt.

Ebenso richtig ist jedoch, dass auch in den Familien, in denen neben Immobilien weitere größere Vermögenswerte vorhanden sind, gerne um „das Haus" gestritten wird, wobei „das Haus" das Elternhaus, das Familien-/ Feriendomizil, das großelterliche Haus oder ein ähnliches Gebäude ist, das durch die Familiengeschichte mit besonderen Emotionen und besonderer Bedeutung aufgeladen ist. Bei dem Haus von Rolf und Ruth waren alle diese symbolischen Elemente vereint.

Jedoch ist ein Haus letztlich – vordergründig – nichts als ein Gemäuer, häufig heruntergekommen und in aller Regel ziemlich austauschbar. Warum also so viel Lärm und Krach (im doppelten Sinne) um das Haus? Zunächst einmal steht das Haus für Tradition. Die ist für manche Menschen uninteressant, für andere aber von größter Bedeutung. Derjenige, der das Haus bekommt, darf die Tradition weitertragen. Das ist so etwas ähnliches wie der Sohn, der die Firma bekommt oder den Hof. Damit ist das Haus auch Symbol für Kontinuität und damit auch für Sicherheit, was – wie in unserem Beispiel erwähnt – in unserer schnelllebigen Zeit ein beruhigendes Gegengewicht zu dem hektischen Leben und Hin- und Herziehen zwischen verschiedenen Orten der Familie Randolf war.

In ähnliche Richtung geht die Bedeutung des Hauses als Heimat („Wo komme ich her?"), was bei vielen Menschen bis dahin geht, dass sie dort begraben werden wollen, wo sie herkommen, und das wird häufig automatisch durch „das Haus" repräsentiert.

Schließlich ist für viele Menschen der Besitz eines Hauses sehr viel konkreter und als befriedigender Besitz erlebbar als beispielsweise der Besitz von Bargeld oder Wertpapieren (die zudem heute noch sehr viel weniger sicher sind als sie es ohnehin noch nie waren).

Mag uns auch die eine oder andere Bedeutung unwesentlich erscheinen, so ist es doch im Endeffekt so, dass die Begriffe wie Sicherheit, Heimat, Tradition, Kontinuität etc. in den meisten Gesellschaften materiell am ehesten mit Haus und Grund und Boden assoziiert werden.

Bedeutend war das Haus auch im Fall der Familie Randolf und so nimmt es nicht wunder, dass die Kinder – mit den unterschiedlichsten Argumenten – versuchten, das Haus für sich zu ergattern.

Als sich die Kinder stritten, stritten sie sich natürlich nur vordergründig um das Haus. Warum sollten sich Erwachsene auch um ein Haus streiten, wo doch jeder von ihnen auch bereits vor dem Tod der Eltern ein Dach über dem Kopf gehabt hatte? Natürlich hatte jedes Kind sein Argument, warum ausgerechnet es und niemand anderes in das Haus einziehen müsse (s. oben). In Wahrheit ging es bei der Streiterei aber um ganz andere Dinge: Um Fragen wie „Behalte ich meine Heimat oder erleide ich Entwurzelung?", oder „derjenige, der in das Haus einziehen darf, tritt in die Fußstapfen der Eltern und wird somit den Anderen gegenüber bevorzugt" – Gedanken, die – unbewusst – keiner ertragen konnte. Die unbewusste Angst vor dem Verlust der Sicherheit, der Kontinuität und all den anderen positiven Empfindungen, die ein jedes Familienmitglied mit „unserem Zuhause" verband, war der wahre Grund für den Streit.

Schade, dass die drei Geschwister dies nicht verstanden. So entzweite sich eine Familie, die vorher gut zusammengehalten hatte, an einem Haus, das in Wahrheit niemand wirklich brauchte.

Das hätte der Vater Randolf nicht gewollt. Warum hatte er kein Testament gemacht?

Und zwar das Richtige. In Kenntnis dessen, dass alle Kinder an dem Haus hingen, hätte er per Testament beispielsweise den Verkauf des Hauses nach seinem und Ruths Tod testamentarisch anordnen und die Ausführung dieser Anordnung durch die Einsetzung eines Testamentsvollstreckers sicherstellen können. Auf diese Weise hätte keines der Kinder das Haus und jedes gleich viel Bargeld bekommen – viel besser als Familienzwist. Er hätte aber auch anordnen können, dass alle drei Kinder gemeinsam das Haus als sog. nichtbefreite Vorerben erhalten, d.h. das Haus nicht verkaufen dürfen, sondern es für die nächste Generation aufheben müssen. Dieses Konstrukt hätte er dann allerdings mit einer klaren Nutzungsregelung für das Haus verbinden müssen, damit sich die Kinder und Enkelkinder nicht bei der Frage der Nutzung des Hauses in die Haare geraten.

Den potentiellen Erben unter Ihnen, verehrte Leser, dürfen wir zur Beruhigung zurufen: Wenn die alte Generation Fehler macht, so sind Sie als Erben nicht verpflichtet, sich den Geschwisterkrieg aufzwingen zu lassen. Oder wollen Sie ausgerechnet den Toten die Macht über Ihr eigenes zukünftiges Wohlbefinden geben?

Die Kinder hätten sich auch ohne Vorliegen eines elterlichen Testamentes einigen können. Mithilfe guter externer Berater (innerhalb der Familie funktioniert das nicht) hätten sie sich bewusst werden können, welche Bedeutung das Haus in Wirklichkeit für sie alle hatte: Sicherheit, Heimat, Tradition, Kontinuität etc. (s. oben). Auf diese Weise hätten sie alle erkennen können, was das Haus in Wirklichkeit für sie bedeutete. Dann wären sie zu der Schlussfolgerung gekommen: „Wir hängen alle aus dem gleichen Grund an dem Haus. Es gibt niemanden, der mehr oder weniger Rechte an dem Haus hat als der andere. Bevor wir uns sehenden Auges zerfleischen, machen wir das Haus zum allgemeinen Familiendomizil für alle drei Geschwister-Familien." Diese Gespräche hätten möglicherweise sogar dazu geführt, dass der sehr wohlhabende David seiner finanziell bedürftigen Schwester Rebecca nicht nur ihren Anteil am Haus gelassen, sondern sie zusätzlich finanziell großzügig unterstützt hätte (wer zwingt uns eigentlich, uns von dem dummen Spruch „Beim Geld hört die Freund- und die Verwandtschaft auf" für alle Zeiten hypnotisieren zu lassen? Allenfalls der Geiz).

Auf diese Weise hätten die Geschwister und ihre Familien einschließlich ihrer Kinder zusammengehalten und wären sich wahrscheinlich – durch die notwendigen intensiven Gespräche – näher gekommen als sie es vorher waren.

Eine ganz bewusste und erfolgreiche Rettung des Familienfriedens ist sehr ausführlich in Kapitel 23 („Über die Toten nichts als Gutes") auf den Seiten 107–110 beschrieben, das wir dem geneigten Leser in diesem Zusammenhang besonders empfehlen dürfen.

Verehrte Leser,

diesem wie einigen anderen Kapiteln sind **„Erläuterungen“** angeschlossen. In diesen geben wir Ihnen den einen oder anderen Hinweis, die manchen von Ihnen interessieren mögen, aber auch einfach überblättert werden können. Sehr viel detailliertere Erläuterungen zu sämtlichen erbrechtlichen und schenkungsrechtlichen Themen (z.B. zum Erbschaftsteuerrecht, Gesellschaftsrecht, Lebensversicherungen, etc.) finden Sie in den beiden Büchern des gleichen Autors:

- „Wie Sie Ihr Vermögen vernichten ohne es zu merken“, sowie
- „Gezielte Vermögensnachfolge durch Testament und Schenkung“.

(Zu deren Inhalt mehr auf den letzten beiden Seiten dieses Buches).

Fühlen Sie sich also frei, die jeweiligen **Erläuterungen** zu lesen oder zu überblättern. Das Lesen der **Erläuterungen** ist keine Voraussetzung für das Verständnis der folgenden Kapitel!

Erläuterungen zu den Regelungen der Vor- und Nacherbschaft

Die Konstruktion der Vor- und Nacherbschaft erlaubt es dem Erblasser, die Weitergabe seines Vermögens zu steuern, indem er bestimmt, auf welche Personen das Vermögen nacheinander übergehen soll. So kommt beim Tod des Erblassers dessen Vermögen zunächst dem Vorerben zu. Dieser ist grundsätzlich ein ganz „normaler“ d.h. vollwertiger Erbe. Beim Tod des Vorerben oder einem anderen vom Erblasser bestimmten Zeitpunkt (wie z.B. der Volljährigkeit des Nacherben) fällt das Vermögen dem vom ursprünglichen Erblasser eingesetzten Nacherben zu. Es folgen also verschiedene Erben demselben Erblasser bezüglich derselben Erbschaft nach.

Rechtlich ist zwischen sogenannten „beschränkten“ Vorerben und sogenannten „unbeschränkten“ Vorerben zu unterscheiden.

Der gesetzliche Regelfall ist der **„beschränkte“ Vorerbe**. „Beschränkt“ bedeutet, dass der Vorerbe bestimmte Verfügungen über die zur Erbschaft gehörenden Gegenstände nicht treffen darf. Hierdurch soll sichergestellt werden, dass der Nacherbe beim Tod des Vorerben bzw. dem vom Erblasser bestimmten Zeitpunkt auch tatsächlich noch möglichst viel vom Vermögen des ursprünglichen Erblassers erhält. Die gesetzlichen Beschränkungen umfassen z.B. das Verbot der Verfügung über Grundstücke und der unentgeltlichen Verfügungen des Vorerben über einzelne Nachlassgegenstände sowie Beschränkungen in der Verfügung über Hypothekenforderungen oder in der Anlage vom zum Nachlass gehörenden Geld. Auch sind die Pflichten des Vorerben gegenüber dem Nacherben bezüglich der ordnungsgemäßen Verwaltung der Vorerbschaft umfassend geregelt (z.B. Erstellung eines Nachlassverzeichnisses auf Verlangen des Nacherben; Auskunftspflichten gegenüber dem Nacherben; bestimmte Sorgfaltspflichten; Tragen der Kosten für die Erhaltung der Nachlassgegenstände etc.).

Um dem Vorerben eine größere als die vom Gesetz vorgesehene Verfügungsfreiheit zuzugestehen, kann der ursprüngliche Erblasser den Vorerben zum Teil von den gesetzlich vorgesehenen Beschränkungen und Verpflichtungen befreien. Dies kann insbesondere dann sinnvoll und notwendig sein, wenn die ordnungsgemäße Verwaltung der Vorerbschaft die Möglichkeit erfordert, auf die Änderung von äußeren Umständen zu reagieren. Der Erblasser kann den Vorerben jedoch nicht von allen gesetzlichen Beschränkungen und Verpflichtungen befreien, sodass letztlich auch ein sogenannter **„unbeschränkter" Vorerbe** immer gewissen Beschränkungen und Verpflichtungen unterworfen bleibt. Insbesondere ist es auch dem sogenannten „unbeschränkten" Vorerben verboten, durch unentgeltliche Verfügungen (Schenkungen) über einzelne Nachlassgegenstände die Vorerbschaft zu verringern. Für den Fall, dass der Vorerbe Nachlassgegenstände verkauft, fließt deren Gegenwert automatisch dem Nachlass zu, sodass auch hierdurch keine Verringerung der Vorerbschaft eintreten kann. Allerdings darf ein weitestgehend befreiter Vorerbe die Substanz des Nachlasses sowohl für seinen persönlichen Lebensbedarf als auch für wirtschaftliche Maßnahmen angreifen.

5 Neid und Geiz über den Tod hinaus

Wer vermag schon die eigenen Schwächen zu erkennen?
Wie negative Empfindungen die letztwilligen Verfügungen ungerecht machen

Anekdote 5

Richard Hart hatte sein Leben lang eisern gearbeitet und sich ebenso eisern viel Geld zusammengespart. Als er so gegen 60 Jahre alt war, merkte er, dass er alleine war. Er suchte eine Partnerin und fand sie in der lebensfrohen 40-jährigen Cindy Rodriguez. Für ihn war es die erste, für Cindy die dritte Ehe. Der eher schwerblütige Richard bewunderte die Leichtigkeit, mit der Cindy durch das Leben tänzelte. Er erlebte sie wie eine liebliche, nie gekannte Landschaft, in die er als glücklicher Gast eingeladen war.

Es gab allerdings auch eine dunkle Seite der Zuneigung Richards zu seiner Cindy. Insgeheim neidete er Cindy ihre kindliche Unbekümmertheit, mit der sie – gleich einem Schmetterling – im Vorüberschweben alles bekam, was er selbst sich doch so hart hatte erarbeiten müssen: Aufmerksamkeit, Anerkennung, Freunde und Zuneigung, wo immer sie auftauchte. Besonders, wenn sie ihm in Gesellschaft – ohne es zu wollen – „die Show stahl", wurde aus Richards sonst freundlicher Bewunderung böser Neid. In solchen Momenten warf Richard seiner Cindy insgeheim vor, dass sie ihre Leichtigkeit auf seine Kosten lebte, denn ohne sein Geld – so seine Idee – wäre ihr all dies doch gar nicht möglich.

Richard hatte noch eine andere verborgene Schattenseite, seinen Geiz. Sein Vermögen hatte er – so seine Überzeugung – dadurch angesammelt, dass er sich zeit seines Lebens nichts gegönnt hatte. An Cindys Seite ließ sich Richard nichts anmerken. Er verwöhnte sie nach Strich und Faden. Gleichzeitig aber schaute ihm immer sein Geiz über seine

Schulter und flüsterte ihm ein, dass all das, was er sich und Cindy gönnte, letztlich doch überflüssig und unangemessen sei. Da Richard dies nicht gerne hörte, entschloss er sich zu einer anderen Version, die ihn persönlich weniger belastete: Er begann sich einzureden, dass es Cindy sei, die ihn, Richard, ständig zum Geld ausgeben zwinge.

Cindy gegenüber wagte es Richard nicht, sie auch nur andeutungsweise mit den Schattenseiten seines Charakters zu behelligen. Insgeheim aber wurden mit den Jahren Neid und Geiz zu einem dominanten Teil Richards, die ihm den Genuss seines Vermögens und seiner Cindy vergällten und ihn mit 70 Jahren an Magersucht sterben ließen. Erst als sie Richards Safe und sein darin befindliches Testament öffnete, lernte Cindy ihren Richard richtig kennen:

„Aus Angst, sie sonst zu verlieren, habe ich meiner Frau nie gezeigt, wie unmöglich ich ihr dominantes Verhalten in Gesellschaft und ihr auf den Wert des Geldes keinerlei Rücksicht nehmendes Konsumverhalten finde. Der Teufel soll die Weiber holen, die so tun, als ob das Geld nichts wert wäre. Damit die Dinge ihres Lebens wieder ihren richtigen Platz einnehmen, enterbe ich Cindy. Alleinerbe wird die Kirche."

Cindy weinte hemmungslos. Mit diesem Brief widerrief ihr von ihr aufrichtig geliebter Richard all die schönen gemeinsamen Zeiten und beschmutzte ihre bedingungslose Liebe. Cindy war menschlich am Boden. Richard hatte alles, was er an Schönem aufgebaut hatte, ihr und sich selbst wieder zerstört. Warum?!

Damit ihr Richard seinen guten Ruf nicht auch noch gegenüber seiner und ihrer Familie verliere, übergab Cindy, nachdem sie sich ausgeweint hatte, zwei Abende später in Anwesenheit einer Flasche 1988er Petrus Richards Testament dem häuslichen Kaminfeuer.

So retteten Cindys praktischer Verstand und ihr Sinn für das Wesentliche im Leben ihre und Richards Liebe. Nicht nur gegenüber der Außenwelt (ihr Richard sollte doch nicht noch posthum als wankelmütig erscheinen), sondern auch zwischen ihr und Richard war für Cindy nach wenigen Tagen wieder alles in Ordnung. Ihr Richard hatte in letzter Zeit immer wieder Phasen der Unsicherheit und des Zweifels gehabt, die ihm Cindy aber als kurzzeitige menschliche Schwäche verzieh und somit ihren Richard auch posthum weiter von ganzem Herzen liebte. Es entsprach weder dem Wesen Cindys, noch war es für ihr zukünftiges Leben von praktischer Bedeutung, sich einmal Gedanken darüber zu machen, was hinter Richards Testament eigentlich stand. Wir wollen es versuchen:

Neid und Geiz werden seit der Antike als zwei der sieben Todsünden genannt. Geizig ist, wer sich und anderen nichts gönnt. Wer sich selbst wohlwollend gegenübersteht und sich etwas gönnt, hat in aller Regel auch die gleiche Einstellung gegenüber seinen Mitmenschen. Wer geizig ist, versperrt sich und seinen Mitmenschen die Möglichkeit, sich an dem Vorhandenen zu freuen: Das Vorhandene muss zurückgehalten werden. Warum? Die Frage der Lebensfeindlichkeit des Geizes, die letztlich zu Richards Magersucht und Tod führte, ist eine psychologische, deren Beantwortung allein den Psychologen zusteht. Jedenfalls hatte sich unser Richard mit dieser Einstellung selbst umgebracht. Schade für ihn, er hätte es besser haben können; er verdient unser Mitleid, nicht unsere Kritik. Die Todsünde „Geiz" ist also eine Sünde gegen das Leben selbst und hatte mit unserer bezaubernden Cindy nichts zu tun.

Was Richards Neid betrifft, so ist dieses Kapitel nicht weniger traurig als das seines Geizes. Richard sah, wie leicht Cindy durch das Leben ging. Er selbst hatte sich alles so hart erarbeiten müssen. Das hatte ihn schwer gemacht und sein Neid gegenüber Cindy und ihrer Leichtigkeit war letztlich nichts anderes als die Trauer über das, was er als junger Mensch hätte haben können, sich aber durch seine Härte gegen sich selbst vorenthalten hatte. Anders formuliert: Richard war mit seinem eigenen Leben, exakter gesagt mit der Art, wie er durchs Leben ging, unzufrieden. In dieser als Neid verkleideten Trauer steckt aber auch Undankbarkeit gegenüber dem Leben (das im übrigen Richard Hart – zumindest objektiv – nicht zu kurz hatte kommen lassen). In der Antike wurde Neid zu Recht als fehlende Dankbarkeit gegenüber dem Leben und damit als eine Todsünde begriffen.

Auch beim Neid gilt in unserer Geschichte: Mit seiner Cindy hatte Richards Gemütsverfassung nichts zu tun, Cindy war allenfalls der Anlass dafür.

Im Ergebnis kommen wir dazu, dass Geiz und Neid keine guten Ratgeber sind, wenn wir ans Vererben gehen. Allerdings sind beide Eigenschaften, insbesondere, wenn es um uns selbst geht, nicht leicht als solche zu identifizieren. Wenn wir aber Menschen, denen eigentlich etwas zusteht, von unserem Erbe ausschließen wollen („Der jedenfalls nicht" oder „Denen jedenfalls nichts, dann lieber der Kirche"), dann dürften es in den meisten Fällen wenig gottgefällige Gedanken wie beispielsweise Neid und Geiz sein, die unsere Entscheidungen beeinflussen und wir sollten – vielleicht auch mit Hilfe von guten Freunden und Beratern – nochmals in uns gehen.

Die Schattenseiten des Verstorbenen belasten die Familie weit über dessen Tod hinaus

Anekdote 6

Ekkehard Tischler hatte eine sensationelle Karriere hingelegt: Einen messerscharfen Verstand hatte er schon in die Wiege gelegt bekommen. Durch seine geschickte Heirat in eine einflussreiche adelige Familie bewegte er sich in den Kreisen, die ihm schließlich zum Vorstandsvorsitz eines deutschen Familienunternehmens verhalfen.

Auch sein Testament zugunsten seiner fünf Kinder konnte sich durchaus sehen lassen. Danach sollte – ganz gerecht – nach seinem Tod jedes Kind eine Wohnung bekommen und jeweils ein Fünftel seines sonstigen Vermögens; keines der Kinder sollte bevorzugt oder benachteiligt werden. Seiner Frau vermachte er das lebenslange Wohnrecht am Haus, der Haushälterin das an der Einliegerwohnung.

Solcherart mit sich und seiner Umwelt im Reinen befand sich Ekkehard Tischler in jeder Hinsicht auf der Sonnenseite des Lebens.

Dass das Leben auch Schattenseiten hat, verdrängte er. Die alte, in allen Kulturen verwurzelte Weisheit „Ohne Schatten kein Licht" hatte er zwar gehört, aber nicht verstanden bzw. sie als „Bauernregel" verächtlich abgetan. Konsequenterweise hatte er sich auch mit dem Prinzip „Ohne Schatten kein Licht" auch nie auseinandersetzen können, auch nicht damit, dass dieses Prinzip in jedem von uns wie auch in jeder unserer Familien hoch aktiv ist.

Ekkehard Tischler hatte – natürlich – auch seine Schattenseiten, die ihm – wie schon gesagt – leider nicht bewusst waren. Diese Schatten bestanden hauptsächlich in der – unbewussten – Angst, dass es einmal ebenso schnell bergab gehen könnte wie es aufwärts gegangen war. Diese Panik, dass ihn einmal der Schatten des Erfolges, nämlich Misserfolg und Scheitern, einholen könnten, projizierte er unbewusst auf seine Familie: Seine Frau nannte er, wenn auch mit gewählten Worten, eine dumme Kuh, die ohne den glücklichen Umstand, ihn kennengelernt zu haben, auf der Straße sitzen würde. Seine vier Töchter und seinen Sohn behandelte er von klein auf als Versager. So wurde den Kindern, noch bevor sie überhaupt das Gegenteil hätten beweisen können, durch die unbewussten Ängste des Vaters das Stigma des Versagens eingebrannt und sie brachten es tatsächlich zu nichts und diejenigen, die es zu etwas brachten, wurden krank und lebten auf diese Weise den Misserfolg, den der Vater von sich auf sie abgewälzt hatte.

Als der Sohn im Alter von 30 Jahren (Ekkehard Tischler war inzwischen 70) den Vater bat, sein Erbe auszuzahlen, damit er eine eigene Firma gründen könne, schlug Ekkehard Tischler ihm dies ab mit der kurzen Begründung, dass er seinem Sohn den notwendigen Erfolg nicht zutraue. Der Sohn verzweifelte zeitlebens an diesem „Urteil des Vaters“, d.h. auch der Sohn erkannte nicht, dass der Vater mit seiner negativen Prognose nur seine eigenen – unbewussten – Zukunftsängste auf ihn, den Sohn, projiziert hatte.

Mit seinem System hatte Ekkehard Tischler – unbewusst – die Schattenseiten seines Lebens ganz einfach innerhalb der Familie delegiert. Er selbst lebte seine Sonne. Seine Frau und seine Kinder lebten seinen Schatten.

Wer glaubt, solche Fälle nicht zu kennen, sollte noch einmal genauer hinschauen.

Diese Geschichte ist kein Vorwurf gegen Ekkehard Tischler. Er hatte einfach die alte Volksweisheit „Da wo viel Licht ist, ist auch viel Schatten“ nicht verstanden. Das Licht-und-Schatten-Prinzip existiert natürlich auch in Familien, wo es für die nächste Generation zum gefährlichen und schweren Erbe werden kann, wenn die ältere Generation die Sonne ausschließlich für sich reklamiert und damit ausschließlich den (eigenen) Schatten weitergibt.

Wer gehofft hatte, das Thema „Licht und Schatten“ würde sich nach dem Tod von Ekkehard Tischler schon von selbst erledigen und der Rest der Familie könne posthum aus seinem Schatten heraustreten und ein normales Leben führen, der sah sich eines Besseren belehrt:

Das System „Licht und Schatten“ wirkte – natürlich – weiter: Die Tochter Ulla wurde ihre körperlichen Gebrechen nicht los, ja diese verschlimmerten sich sogar im Laufe der Zeit. Die Tochter Randi hatte weiterhin Pech in der Liebe: Sie traf auch im Lauf der nächsten Jahre – trotz ihrer hohen Intelligenz und beeindruckender beruflicher Karriere – mit untrüglicher Sicherheit immer die falschen Männer – natürlich konnte es keiner der Kandidaten mit dem „perfekten“ Vater aufnehmen – und erst recht nicht nach dessen Tod.

Die feinsinnige Wilhelmine verfiel in Depressionen. Sie war eine hervorragende Geigerin geworden, konnte ihren Beruf aber nicht mehr ausüben, weil sie die Tiefe der Musik so stark spürte, dass sie immer häufiger beim Spielen in Tränen ausbrach. Die robusteste von allen, Tochter Wanda, versuchte auf eine ganz konkrete Art, Distanz zum Vater zu gewinnen: Sie verkaufte die ihr vererbte Immobilie, ließ sich von ihrem Mann scheiden und diesen mit den beiden gemeinsamen Kindern zurück, um in einen Ashram nach Indien zu ziehen. Dort konnte sie ihren Vater durch den entsprechenden Guru ersetzen und wurde lebenslang vom schlechten Gewissen geplagt, ihre Kinder im Stich gelassen zu haben.

Allen Kindern gemein war das andauernde schlechte Gewissen gegenüber dem Vater. Dieser hatte sie seine Schatten ausleben lassen, eine subtile Form von Missbrauch und ihnen gleichzeitig seiner Lebtage lang eingebläut, alles, was er unternommen hatte, nur für sie, seine geliebten Kinder und zu ihrem Vorteil und Nutzen getan zu haben. Demzufolge hatte all sein Tun und Trachten zu seinen Lebzeiten ihnen ein stetiges Gefühl der Dankbarkeit abgenötigt, später trat das schlechte Gewissen hinzu, wenn sie nicht ähnlich erfolgreich waren. Auf diese Weise falsch geimpft, durchschauten die Kinder nicht das Muster, das sie gefangen hielt, und keines kam auf die Idee, posthum einmal über den Vater und sein schweres Erbe zu schimpfen.

Im Gegenteil: Die Kinder überboten sich auch noch Jahrzehnte nach dessen Tod in seinem Lob. Wenn eines der Kinder auch nur die leiseste Kritik an ihm anklingen ließ, so wurde es sofort von den übrigen der Gotteslästerung bezichtigt und solcherart zur Räson gebracht.

Damit wir uns richtig verstehen, verehrte Leser: wir mögen unseren Ekkehard Tischler und schätzen durchaus seine Bemühungen um Gerechtigkeit. Hat er doch seinen fünf Kindern (auf Kosten seiner Ehefrau) sein gesamtes Vermögen vererbt und dies – rein materiall gesehen – mit der größtmöglichen Gerechtigkeit.

Hätte er ihnen bei seinem Tod materiell weniger hinterlassen, aber mehr Vertrauen in die eigenen Fähigkeiten, wäre es für seine Kinder und Kindeskinder besser gewesen. Zu diesem Zweck hätte Ekkehard Tischler seine Kinder aber fördern, d.h. sie in ihre eigene Sonne stellen müssen. Spätestens als der Sohn seine eigene Firma aufmachen wollte, hätte Ekkehard ihn nicht nur materiell, sondern insbesondere auch menschlich unterstützen müssen.

Wenn ein normales Ehepaar nach außen normal und erfolgreich ist, seine Kinder aber erfolglos oder krank, so liegt das in aller Regel nicht an den Kindern. Dass Ekkehard Tischler, der im Beruf jeden Vorstandsbeschluss durch teure externe Berater durchleuchten und vorbereiten ließ, dies beim Umgang mit seinen Kindern noch nicht einmal in Erwägung zog, zeigt, dass wir an den Orten unserer größten Defizite mit der größten Blindheit geschlagen sind.

Merke:

1. **Je mehr Licht desto mehr Schatten.**
2. **Ehrliche Berater und Freunde sind selten. Um beides sollten wir uns bemühen.**

Erläuterungen zu dem Unterschied zwischen Erbe und Vermächtnis

In Ekkehard Tischlers Testament ist sowohl von „Ich vererbe“ als auch von „ich vermache“ die Rede.

Im allgemeinen Sprachgebrauch wird meist nicht zwischen „Vererben“ und „Vermachen“ unterschieden, sondern diese Begriffe wechselseitig und synonym verwendet. Rechtlich gesehen besteht jedoch ein erheblicher Unterschied zwischen einer Erbeinsetzung (Vererben) und einem Vermächtnis (Vermachen). Denn während mit dem Tod des Erblassers ohne irgendwelche Zwischenakte der/die **Erben automatisch in die Rechtstellung des Erblassers eintreten** und so z.B. auch Eigentümer aller dem Erblasser gehörenden Gegenstände werden, hat der **Vermächtnisnehmer** nach deutschem Recht nur einen **Anspruch gegen die Erben,** dass diese die ihm vermachten Gegenstände herausgeben. Er wird nicht automatisch mit dem Tod des Erblassers Eigentümer, sondern muss die ihm vermachten Gegenstände von den Erben herausverlangen und dies notfalls gerichtlich einklagen. Der Vermächtnisnehmer hat daher im Vergleich zum Erben eine viel schwächere Rechtsposition.

Da im allgemeinen Sprachgebrauch – und auch in einer Vielzahl von Testamenten – die Begrifflichkeiten ohne Kenntnis dieses rechtlichen Hintergrundes verwendet werden, wird bei der Auslegung von Testamenten nicht in erster Linie auf die **Bezeichnung** einer Verfügung abgestellt, sondern darauf, ob diese nach ihrer Gestaltung und ihrem Sinn mehr dem rechtlichen Bild einer Erbeinsetzung oder dem der Aussetzung eines Vermächtnisses entspricht. Hierbei wird allgemein davon ausgegangen, dass dem Grundsatz nach eine Erbeinsetzung vorliegt, wenn der Erblasser dem Bedachten sein **Vermögen als Ganzes** oder einen **Bruchteil seines Vermögens** zuwendet, wogegen eine vermächtnisweise Zuwendung vorliegt, wenn der Bedachte lediglich **einzelne Gegenstände** erhalten soll. Auch die Zuwendung von Einzelgegenständen wird jedoch als Erbeinsetzung behandelt, wenn die

betreffenden Gegenstände einen bedeutenden Teil des Vermögens des Erblassers ausmachen. * („ich vermache" oder „ich vererbe")

Zur Verdeutlichung zwei Beispiele:

Beispiel 1:
Formuliert jemand, dessen Vermögen im wesentlichen aus seinem Haus besteht „Mein Haus vermache ich der Kirche", so ist dies als Erbeinsetzung der Kirche zu verstehen, die unmittelbar mit dem Tod des Erblassers Eigentümerin des Hauses wird.

Beispiel 2:
Formuliert dagegen eine Person, die Eigentümer zahlreicher Immobilien ist „Meine Immobilien und alles andere bekommt mein Sohn, das Haus in der Gartenstraße in .... vermache ich der Kirche.", so liegt bezüglich des Hauses ein Vermächtnis zugunsten der Kirche vor, da das Haus in der Gartenstraße lediglich einen untergeordneten Teil des Vermögens des Erblassers darstellt. Das bedeutet, dass der Sohn als Erbe zunächst auch Eigentümer des Hauses wird und die Kirche einen Herausgabeanspruch gegen den Sohn hat. Der Sohn als Erbe ist also verpflichtet, der Kirche als Vermächtnisnehmerin das Eigentum an dem Haus zu übertragen.

Mit Hilfe von Vermächtnissen kann in manchen Fällen Streit zwischen den Erben vermieden werden.

Beispiel:
Die Mutter hat drei Kinder, die sich ständig streiten. Die Mutter weiß, dass dies auch nach ihrem Tod so weitergehen wird. Um dem vorzubeugen, setzt die Mutter eines der Kinder als **Allein**erben ein und die beiden Kinder erhalten ihren Anteil in Form von Vermächtnissen, mit denen ihnen konkrete Gegenstände zugewandt werden; so erhält beispielsweise Kind Nr. 2 vermächtnisweise „die Wohnung in Lindau" und Kind Nr. 3 „das Wertpapierdepot Nr. 12345 bei der Deutschen Bank in Hamburg". Auf diese Weise gibt es keine Möglichkeit, dass sich die Kinder untereinander streiten.

Der Mensch sollte nicht versuchen, das zu kaufen,
was dazu bestimmt ist, verschenkt zu werden.
(Honoré de Balzac)

7 Die Sehnsucht nach Unsterblichkeit

Stifter und Stiftungen: Motive und Ziele

Anekdote 7

Lorenz Läufer, brillanter Journalist, hatte aus eigener Kraft ein großes Medienunternehmen geschaffen. Als er sich im Alter von 67 Jahren unsterblich in die 37-jährige Journalistin Erda verliebte, diese seine Liebe jedoch kaum erwiderte, fiel sein Herz in tiefe Schwermut. Grund dieser Schwermut war unter anderem die – späte – Einsicht, dass alles Geld dieser Welt ihm seine in den Redaktionsstuben verschwendete Jugend nicht mehr würde zurückbringen können.

Hatte er aber nicht, so sinnierte Lorenz Läufer weiter, mit seiner Brillanz die weltlichen Gesetze schon mehrfach außer Kraft gesetzt? Und hatte nicht schon Nietzsche gesagt, dass man das Weib zwingen müsse, wolle man seine Liebe erhalten? Voll von solchen Ideen, kurz gesagt gekennzeichnet von einer trotteligen Altersverliebtheit, machte sich Lorenz Läufer ans Werk, die weltlichen und geistigen Gesetze aus den Angeln zu heben: Schönheitsoperationen und sonstige kosmetische Kunstgriffe machten ihn um 10 Jahre jünger. Er seinerseits machte Erda zur Chefredakteurin, legte ihr die Welt zu Füßen und versprach ihr alles, was er auch nur halbwegs deutlich ihren Augen abzulesen glaubte. Er brachte seinen gesamten Medienkonzern in eine Stiftung ein, zu deren Vorsitzender „auf Lebenszeit“

er seine **Ehefrau** bestimmte. Spätestens mit dieser Formulierung hatte er Erdas Freigeist sturmreif geschossen. Sie ließ sich von Lorenz ehelichen und versprach ihm, später nach seinem Tod das Imperium ganz in seinem Sinne zu verwalten. So hatte Lorenz Läufer scheinbar alles, was er wollte, erreicht: Eheliche Liebe und Treue, Jugend, Schönheit und Macht auf scheinbar unabsehbare Zeit hinaus. Auf diese Weise ganz und gar saturiert, wurde Lorenz Läufer alsbald glücklich dement, ohne noch wahrzunehmen, dass Erda schon zu seinen Lebzeiten den besten seiner Redakteure das gab, was sie Lorenz eigentlich nie hatte geben wollen. Auf den Grabstein von Lorenz Läufer ließ Erda den Satz meißeln: „Der Mensch sollte nicht versuchen, das zu kaufen, was dazu bestimmt ist, verschenkt zu werden".

Da eine gewisse Portion Lorenz Läufer und eine gewisse Portion Erda jedem von uns nachvollziehbar sein dürfte, lohnt es sich, einmal hinter diese Geschichte zu schauen.

Wer verlässt schon gern ein Fest, wenn es gerade am Schönsten ist? Und gerade ein betagter Mann, der sich – wie Lorenz Läufer – soeben „seine Jugend zurückgekauft hat" (schwerer Denkfehler, passiert aber häufig!), will von diesem Fest noch möglichst lange etwas haben.

Die Sehnsucht nach Unsterblichkeit ist übrigens keine neue Erfindung. Aus der griechischen Mythologie wissen wir, dass Halbgötter dann, wenn sie erfolgreich schwere Prüfungen bestanden hatten, (wie beispielsweise Herkules) anschließend in den Olymp der Unsterblichen aufgenommen wurden. Insofern ist der Traum von der ewigen Jugend als bürgerliche Ausgabe der Unsterblichkeit Ausdruck eines allgemeinen Bedürfnisses – gleich, aus welchem Grund wir dieses Bedürfnis haben mögen. Je seltener Lorenz Läufer in seinen Spiegel hinein- und stattdessen seine Erda anschaute, desto jünger fühlte er sich. Wer würde es Lorenz Läufer persönlich übelnehmen, dass er von diesem Spätsommerfest nicht frühzeitig nach Hause gehen wollte?

Die Idee, mit einer – gemeinnützigen – Stiftung auch über den eigenen Tod hinaus Gutes zu tun, ist übrigens nicht anrüchig, im Gegenteil. Es ist eine hervorragende Idee, auf Dauer Gutes zu tun, dort wo man am meisten helfen will. Auch dass Lorenz Läufer seiner Stiftung den Namen „Lorenz-Läufer-Stiftung“ gab, ist völlig in Ordnung, wenn ihm das Spaß macht und sein Name auch nach seinem Tod Mitarbeiter und Förderer der Stiftung motiviert.

Nur: Das, was Josef Läufer subjektiv mit seiner Stiftung bezweckte, funktioniert nicht: Weder können wir uns mit einer Stiftung Unsterblichkeit kaufen noch die Jugend. Genau das waren jedoch die aus der Altersverliebtheit von Lorenz Läufer geborenen Ziele gewesen. Nehmen wir also einmal an, dass die „Lorenz Läufer Stiftung zur Abwendung des käuflichen Journalismus“ durchaus eine sinnvolle Einrichtung ist, so kommen wir doch gleichzeitig zu der Erkenntnis, dass das, was er subjektiv wollte, mit dem, was er objektiv tat, nicht zu erreichen war.

Menschlich gesehen war Lorenz Läufers trickreiches Vorgehen naiv (wobei ihm aufgrund seiner Altersverliebtheit mildernde Umstände attestiert werden können) und seines früheren brillanten Feingeistes unwürdig:

Dass Geld keine Jugend kaufen kann, wissen wir seit dem Märchen vom Jungbrunnen. Mit seiner Aktion machte er die von ihm geliebte Erda gleichzeitig zur käuflichen Frau.

Merke:

1. **Hinter jedem Ziel steht ein Bedürfnis.**
2. **Viel Geld kann viel Gutes bewirken, aber nicht unbedingt das, was sich der Erblasser wünscht. Wer glaubt, alles richtig zu machen, sollte sich noch einmal seine wahren Motive anschauen (ist ziemlich unmöglich, Stichwort „blinder Fleck“) oder einmal die fragen, die er beglücken will. Die nämlich können unter angeblich Gutgemeintem durchaus schwer leiden, wie die folgende Geschichte zeigt.**

Erläuterungen zum Thema Stiftungen

Eine Stiftung ist eine Einrichtung, die mithilfe eines Vermögens einen vom Stifter festgelegten Zweck verfolgt. In der Regel wird dabei das Vermögen auf Dauer erhalten und nur die Erträge kommen den Begünstigten (den sog. Destinatären) zugute. Für den Fall, dass gerade auch über den Tod hinaus Vermögen des Stifters einem bestimmten Zweck zugutekommen soll, gibt es grundsätzlich zwei verschiedene Möglichkeiten der Stiftungsgründung. Zum einen kann der Stifter noch zu Lebzeiten eine Stiftung gründen und dieser sein Vermögen oder einen Großteil hiervon übertragen. Die Stiftung, die in vielen Fällen eine eigene Rechtspersönlichkeit erhält, übernimmt dann in der Regel als gemeinnützige Stiftung gemeinnützige Aufgaben wie z.B. die Unterstützung bestimmter Personengruppen und wird im Gegenzug von der Steuerpflicht befreit.

Da es jedoch niemanden möglich sein soll, diese Umstände dazu zu nutzen, sein Geld in steuerfreien Stiftungen zu „parken“, um es zu einem späteren Zeitpunkt wieder zurückzurufen, ist es in Deutschland bei den gemeinnützig agierenden Stiftungen grundsätzlich nicht möglich, eingesetztes Kapital wieder zurückzurufen (einige Ausnahmen gibt es bei den sogenannten unselbständigen Treuhandstiftungen, bei denen bereits eingezahlte Gelder unter bestimmten Voraussetzungen vom Stifter wieder zurückgefordert werden können). Dementsprechend dürfte es den Zielen des Stifters nur in den seltensten Fällen entsprechen, bereits im Zeitpunkt der lebzeitigen Stiftungsgründung einen Großteil des Vermögens in der Stiftung zu binden.

Eine Alternative hierzu ist die Realisierungsvariante, in der eine Stiftung zwar noch zu Lebzeiten des Stifters gegründet wird, die Stiftung aber zunächst nur mit einem begrenzten Teil des Vermögens ausgestattet wird und der Stifter in seinem Testament verfügt, dass sein gesamtes bei seinem Tod noch verbliebenes Vermögen oder ein bestimmter Teil hiervon zusätzlich in die Stiftung fließen soll.

Als weitere Variante besteht die Möglichkeit, eine Stiftung „von Todes wegen" zu errichten. Hierbei wird im Testament verfügt, dass erst nach dem Tod des Erblassers die Stiftung errichtet wird und wie sie aussehen soll. Dies bedeutet, dass sich im Testament auch die Stiftungssatzung einschließlich Stiftungszweck etc. befindet. Im Ergebnis ist diese Art der Stiftungserrichtung ebenso wirksam und für ihre Destinatäre ebenso günstig wie eine Stiftung, die bereits zu Lebzeiten errichtet wurde. Es kann allerdings vonseiten des Stifters als nachteilig empfunden werden, dass bei dieser Art der Stiftungsgründung von Todes wegen der Stifter nur noch begrenzt – nämlich durch die Verfügungen in seinem Testament – auf die Arbeit der Stiftung einwirken kann.

8 Und die Macht und die Herrlichkeit in Ewigkeit

Stifter und Stiftungen: Das Alte erhalten oder neue Visionen? Jeder von uns kann Visionär und Stifter werden

Dass Macht eine Droge ist, geben manche der Betroffenen sogar zu. Wer sie plötzlich nicht mehr hat, leidet unter Entzug. Die größte Genugtuung, Macht zu genießen, hat derjenige, der mehr Macht und länger Macht hat als die anderen. Es ist sicherlich kein schlechtes Gefühl, ein größeres Auto zu fahren als der Nachbar, ein größeres Haus zu haben als der Nachbar und so weiter. Aber das größte Vergnügen der relativen Art empfindet der Normalsterbliche wohl dann, wenn er mächtiger und länger mächtig ist als sein Nachbar. Konsequenterweise müssen sich diejenigen am mächtigsten fühlen, die sogar über ihren Tod hinaus ihrer Nachwelt sagen können, was sie zu tun hat.

Anekdote 8

Karl Groß war mit einem goldenen Löffel im Mund geboren worden. Seine Familie war seit Generationen steinreich. Karl hätte also fünf eine grade Zahl sein lassen und sich dem Privatleben widmen können. Karl war allerdings familiär vorbelastet. „Wo Geld kein Thema mehr ist, macht Macht sexy" pflegte sein Vater Robert zu sagen. Und so wurde auch Karl sehr sexy: Er saß in zahllosen Aufsichtsräten und galt als einer der mächtigsten Industriemagnate.

Wenn Karl in seinem Eifer nachzulassen drohte, verpasste ihm sein Vater mit den Worten „vergiss nicht, wie leicht Du es hast, das mühsam von Deinen Vorfahren Geschaffene musst Du ja nur verwalten" einen Denkzettel, der Karl von neuem zu immer größeren Anstrengungen trieb. Als Karls Vater starb, erbte Karl auch noch dessen Vermögen einschließlich der entsprechenden Aufsichtsratsposten etc. und befand sich – nunmehr unbeschattet – auf dem Gipfel seiner Macht. Niemals in der Familienchronik – so rechnete er sich vor – hatte ein Familienmitglied so viele Aufsichtsratsposten wie er innegehabt. Damit war er der mächtigste Mann, den seine Familie jemals hervorgebracht hatte. In diesem machttrunkenen Zustand verfasste Karl sein Testament, das einschließlich der Anhänge 910 Seiten umfasste.

Im Rahmen dieses Testamentes wurden drei Stiftungen gegründet, die allesamt seinen Namen trugen. Es waren sog. Familienstiftungen, d.h. Holdings für das Familienvermögen und dessen Weiterentwicklung. Karl bestimmte, dass der jeweilige Stiftungsvorsitzende bestimmte Aufsichtsratsposten bekleiden sollte. Es wurde außerdem den Stiftungsvorständen genau vorgegeben, welche Unternehmenspolitik sie zu betreiben hätten. Wichtigste Person im Testament war der Testamentsvollstrecker, dessen Aufgaben festgeschrieben waren. Mit seiner und seiner Nachfolgerhilfe wollte Karl Groß die Geschicke seines Konzerns auch die nächsten hundert Jahre nach seinem Tod präzise steuern.

Nach Karls Tod wurde sein Testament eröffnet. Die als Testamentsvollstrecker, Stiftungsvorstände etc. benannten Personen fühlten sich zunächst geehrt, wenig später aber reingelegt: Denn je genauer sie die detaillierten testamentarischen Anordnungen durchlasen, desto mehr wurde ihnen bewusst, dass sie keinerlei Handlungsspielraum hatten, sondern vielmehr lebenslang am Gängelband von Karls Testament dessen verlängerter Arm sein würden. Karl hatte in seinem Testament bereits alles entschieden. Die Zeit nach seinem Tod blieb weiterhin die „Ära Karl“. Gleichzeitig mussten die verschiedenen auserkorenen Personen gegenseitig voreinander Angst haben, weil Karl bestimmt hatte, dass jeder von ihnen unter bestimmten Voraussetzungen von einer Generalversammlung aller leitenden Personen abberufen werden konnte. So waren alle auf Gedeih und Verderb aufeinander angewiesen, jeder kontrollierte jeden und alle gemeinsam fühlten sich von Herzen unfrei.

Die Testamentsvollstrecker, Stiftungsvorstände etc. sahen sich im Übrigen schon nach wenigen Jahren in ihrem Unwohlsein bestätigt, weil die Knebelung der Stiftungs- und Unternehmensorgane, deren erzwungene Unflexibilität und Schwerfälligkeit dazu führten, dass die Groß-Unternehmen nicht wie bisher schneller als die Konkurrenz, sondern mehr und mehr die Letzten waren, die auf neue Entwicklungen reagieren konnten. Die Knebelung der per Testament zur Gewinnmaximierung verurteilten Stiftungen führte also genau zum Gegenteil dessen, was Karl Groß bezweckt hatte.

Dass Karl Groß sich in seinem Machtrausch gefiel, sehen wir ihm ohne weiteres nach. Eine gewisse Trunkenheit ist ein angenehmer Zustand, auch wenn er sich täglich wiederholt. Er hätte damit allerdings auch pünktlich mit dem Datum seines Todes aufhören sollen. Dass er denen, die nach ihm kamen, weniger zutraute als sich selbst, ist dadurch erklärlich, dass sein Vater dies bei ihm auch nicht anders gemacht hatte.

Nicht mehr ganz nachvollziehbar ist allerdings die Idee, dass er für die nächsten hundert Jahre nach seinem Tod genau vorgeben wollte, was zu tun sei. Da hatte er offensichtlich keinen wirklichen Freund, der es wagte, ihm die Wahrheit zu sagen. Nämlich, dass bei seinen fixen Ideen und Vorschriften betreffend die Zukunft die Unternehmen aufs Allerhöchste gefährdet wurden.

Deswegen können wir letztlich unserem Freund Karl Groß nur die Note „ungenügend“ auf seinen Grabstein schreiben. Hinzu kommt, dass – wie geschrieben – er sämtliche nach ihm kommende Personen unglücklich gemacht hat.

Da gibt es bessere Möglichkeiten. Lassen Sie unserem – uns durchaus sympathischen – Karl Groß folgende positiven Ideen ins Jenseits reichen:

Karls Vision bestand darin, dass seine Unternehmen nach seinen Vorstellungen die nächsten hundert Jahre nach seinem Tod profitabel wirtschaften sollten. Angesichts eines außergewöhnlich bedeutenden Vermögens ist „Geldverdienen“ zwar ein Ziel (eher eine Gewohnheit), aber keine Vision.

Die Tatsache, dass Karl Groß über sich (d.h. seine Lebenszeit) hinausplante, zeigt aber zumindest, dass er die Kraft zu Visionen hatte.

Seine wirtschaftlichen Ziele hatte Karl alle erreicht. Jetzt wäre es an der Zeit gewesen, eine über ihn selbst und seine Gewohnheiten hinausgehende Vision zu entwickeln.

Es gibt keinen von uns, der keine Vision hat oder sie haben könnte. Jeder von uns hat die Chance, eine über ihn selbst hinausgehende Vision nicht nur zu haben, sondern auch, sie zu realisieren. Es muss aber die ganz persönliche emotionale Kraft eines jeden hinter seiner Vision stehen, damit die Realisierung erfolgen kann. Fragen Sie sich selbst: Was würde Ihnen am meisten Freude machen? Wen oder was würden Sie am liebsten fördern, welchen Menschen am liebsten helfen oder welche Ideen am liebsten unterstützen?

Alfred Nobel wollte den besten Wissenschaftlern der Welt jedes Jahr einen Anreiz geben, ihre Ideen zu präsentieren und erfand den Nobelpreis.

Der deutsch-schwedische Publizist Jakob von Uexküll wollte ökologische Ideen und Projekte unterstützen und Projekte, die gesellschaftliche Verbesserungen zum Ziel haben. Er verkaufte seine große Briefmarkensammlung für eine Mio. US-Dollar. Mit diesem Betrag und seiner Vision ging er zum Nobelpreis-Komitee und machte den Vorschlag, dass zukünftig auch ein Nobelpreis für Ökologie und Entwicklung vergeben werden sollte und dass er, Uexküll, die finanziellen Mittel dafür bereitstellen wollte. Das Nobelpreis-Komitee lehnte ab. Uexküll blieb bei seiner Vision. 1980 stiftete er den „Right Livelihood Award", was auf Deutsch in etwa „Preis für richtige Lebensweise" heißt und der – inzwischen als „alternativer Nobelpreis" bekannt – jedes Jahr vergeben wird. Inzwischen werden die finanziellen Mittel für die Preise von vielen anderen Spendern aufgebracht – eine Vision hat sich durchgesetzt.

Die deutsche Schauspielerin Jutta Speidel hatte in den 90er Jahren die Vision, Kindern und ihren alleinerziehenden Müttern, die buchstäblich auf der Straße saßen, einen neuen Anfang zu ermöglichen. Sie hatte wenig

Kapital, das aber nutzte sie so geschickt, dass den bedürftigen Familien auch mit geringen finanziellen Mitteln sehr effektiv geholfen werden konnte. Heute kann die Einrichtung „Horizont" in einem eigenen Haus 24 Familien gleichzeitig fördern. Sie sehen also, verehrter Leser, dass jeder von uns Visionen haben und realisieren kann. Das Geld ist nicht der entscheidende Faktor!

Lehnen Sie, verehrter Leser, sich zurück und denken Sie entspannt darüber nach, was Ihnen persönlich am meisten Spaß machen würde. Das ist dann Ihre Vision. Ob allein oder zusammen mit anderen: Viel Erfolg bei der Realisierung!

Was nun unseren Karl Groß betrifft, so hätte sich dieser auch die Zeit nehmen sollen für seine Vision. Da hätte er nicht lange suchen müssen. Als Herr über viele Unternehmen hätte er beispielsweise eine „Stiftung berufstätige Mütter in den Groß-Unternehmen" gründen können. Diese Stiftung hätte in seinen Unternehmen verschiedene Modelle entwickeln und erproben können, wie berufstätige Mütter gute Arbeit für das Unternehmen mit guter Fürsorge für ihre Kinder verbinden können. Die Vision eines Unternehmers von einer Gemeinschaft, die schon ganz bewusst an dem Wohl der nächsten Generation arbeitet. Um Karls ökonomisches Gewissen zu beruhigen: Mit dieser Idee hätte er gleichzeitig die höchstmotivierten Mitarbeiterinnen in seine Unternehmen gelockt.

Hinweis

Wenn Sie sich noch ausführlicher anregen lassen möchten, wie jeder von uns sich selbst durch eine neue unkonventionelle Idee zum Visionär und Helden machen kann, dann lesen Sie das folgende Kapitel 9 „Scheißt der Teufel immer auf den größten Haufen?".

Erläuterungen zur Testamentsvollstreckung

Ein **Testamentsvollstrecker** hat die Aufgabe, die letztwilligen Verfügungen des Erblassers zur Ausführung zu bringen. Der Erblasser kann also mit der Einsetzung eines Testamentsvollstreckers insbesondere bei schwierigen und komplizierten Erbauseinandersetzungen eine ordnungsgemäße Abwicklung des Nachlasses erleichtern. In der Praxis wird Testamentsvollstreckung oftmals dann angeordnet, wenn Unternehmen vererbt oder Vor- und Nacherbfolgeregelungen getroffen werden.

Die **Person des Testamentsvollstreckers** wird zumeist durch den Erblasser selbst in seinem Testament oder Erbvertrag festgelegt. Zum Testamentsvollstrecker kann grundsätzlich jede natürliche oder juristische Person ernannt werden, die voll geschäftsfähig ist. Auch die Ernennung durch das Testament begünstigter Personen wie z.B. Miterben, Vermächtnisnehmer oder Nießbraucher ist zulässig. Oftmals werden als Testamentsvollstrecker Personen ernannt, die berufsmäßig mit derartigen Angelegenheiten zu tun haben, wie etwa Anwälte oder Steuerberater.

Neben dem Erblasser selbst kann auch ein vom Erblasser hierzu ermächtigter Dritter oder bei entsprechendem Ersuchen im Testament, das Nachlassgericht einen Testamentsvollstrecker auswählen. In jedem Fall beginnt das Amt des Testamentsvollstreckers erst mit der Annahme des Amtes durch den Ernannten. Mit der Übernahme des Amtes kann beim Nachlassgericht ein **Testamentsvollstreckerzeugnis** erteilt werden. Diese bestätigt die Ernennung zum Testamentsvollstrecker und gibt die konkreten Befugnisse bei der Ausführung des Amtes wieder.

Die konkreten **Befugnisse des Testamentsvollstreckers** richten sich nach Art und Umfang der angeordneten Testamentsvollstreckung. Im Wesentlichen wird hier zwischen reiner Abwicklungsvollstreckung, die primär auf die Auseinandersetzung des Nachlasses gerichtet ist, und Verwaltungs- bzw. Dauervollstreckung, bei der die Verwaltung des Nachlasses im Vordergrund steht und die für einen Zeitraum von grundsätzlich bis zu 30 Jahren angeordnet werden kann, unterschieden.

Solange Testamentsvollstreckung angeordnet ist und soweit die Befugnisse des Testamentsvollstreckers reichen, können die Erben den Nachlass nicht selbst verwalten oder über Nachlassgegenstände verfügen. Der Erblasser kann jedoch einzelne Nachlassgegenstände von der Testamentsvollstreckung ausnehmen, hinsichtlich derer die Verfügungsbefugnis bei den Erben verbleibt.

9 Scheißt der Teufel immer auf den größten Haufen?

Wie geerbtes Geld dorthin kommt, wo es wirklich gebraucht wird. Und wie Sie gute Ideen weitervererben können

Wer kennt ihn nicht, diesen alten Spruch, der da besagt, dass (unter anderem auch beim Erben) das Geld dorthin fällt, wo ohnehin schon genügend vorhanden ist. Ob das so sein muss, ist gründlichst zu überprüfen. Schließlich wissen wir ja schon seit unserer Kindheit und aus unseren Märchen, dass der Teufel nur dazu da ist, um von dem Helden überlistet zu werden. Jeder von uns trägt den Helden in sich und mit etwas Phantasie und Mut können Sie, verehrter Leser, den Helden in sich positiv ausleben.

Anekdote 9

Claudia Klar war in gutbürgerlichen Verhältnissen aufgewachsen. Claudias Vater war früh verwitwet. Neben seiner Apotheke hatte er eine kleine pharmazeutische Fabrik aufgebaut, die er später verkaufte „um Kasse zu machen". Was seinen letzten Willen betrifft, so hatte sich Claudias Vater entschlossen „die Dinge laufen zu lassen", wie er zu sagen pflegte, was im Klartext bedeutete, dass er einfach keine Lust hatte, sich mit dem Gedanken zu beschäftigen, dass er eines Tages tot sein könnte. Als der Tod überraschenderweise doch eintrat (Claudias Vater hatte noch kurz vorher einem Apothekerkollegen aus den Pyrenäen das angebliche Geheimrezept des Grafen von Saint Germain mit der Garantie für ein 250-jähriges Leben abgekauft) wurden Claudia und ihr Bruder Franz gesetzliche Erben.

So ging das beträchtliche Vermögen des alten Apothekers Klar an zwei Menschen, die ohnehin schon mehr hatten, als sie eigentlich gebraucht hätten. Claudias einziger Bruder Franz war als Börsenmakler in Frankfurt erfolgreich und wusste – wie er selber sagte – mit dem Geld des Vaters nichts anzufangen, weil er selber schon genug davon hatte. Für Claudia galt mehr oder weniger das gleiche.

Claudia war schon seit ihrer Jugend – aus der Sicht ihrer Familie negativ – auffällig gewesen, weil sie nie mehr gegessen als sie Hunger hatte, für Wein nie mehr als 150,00 € pro Flasche ausgegeben und von dem Geld, das sie und ihr Mann als Apotheker verdienten, immer ein paar „weniger betuchte Freunde mitlaufen" ließ. Solcherart mit einem außergewöhnlichen, aber sonnigen Gemüt ausgestattet fand Claudia das, was ihr Vater anlässlich seines Todes veranstaltet hatte – nämlich sein Vermögen Menschen zu geben, die es nun überhaupt nicht brauchten – ausgesprochen peinlich.

Um diesen landläufigen Unsinn (wie sie es nannte) zu korrigieren, ging Claudia wie folgt zu Werke: Mit ihrem Mann machte sie ein Ehegattentestament, in welchem ihre gemeinsame Tochter zur Alleinerbin dessen, was Claudia und ihr Ehemann sich selbst erschaffen hatten, eingesetzt wurde.

„Die drei Milliönchen vom Vater" (wie sie zu sagen pflegte) nahm sie in die andere Hand und ließ ihren seltsam ungewöhnlichen Gedanken, für die sie bekannt war, genussvoll freiem Lauf:

„Ich werde dem Teufel nicht erlauben, wieder nur auf den größten Haufen zu scheißen. Wer zahlt, schafft an – und das bin ich."

Und weiter überlegte sie: „In Zeiten, in denen jede Familie mindestens 7 Kinder hatte, war es vielleicht richtig, jedes Kind mit etwas Vermögen auszustatten. Da musste alles in der Familie bleiben und man war froh, wenn es einigermaßen für alle reichte. Heute aber, wo, so wie bei uns – viele Ehepaare keine oder nur einen Nachkommen haben, ist das Vererben ausschließlich innerhalb der Familie doch nicht mehr zeitgemäß."

Während Claudia noch so über die demografische Entwicklung in unserem Lande nachdachte, rief ihre beste Freundin an, deren Mann verstorben war, und die endlich einmal wagte, unter Tränen Claudia einzugestehen, dass sie trotz aller bürgerlicher Fassade nicht mehr wisse, wie sie die ausstehenden Mieten für das letzte halbe Jahr bezahlen solle.

„Warum“, so sinnierte Claudia nach Beendigung des Telefonates weiter, „soll meine Familie eigentlich nur aus den Personen bestehen, die mit mir verheiratet oder verwandt sind?“ Sie erinnerte sich an ihre Schulzeit und den Begriff der Wahlverwandtschaften: War ihr ihre Freundin (ähnlich ging es ihr bei einigen anderen sehr intimen Freunden) nicht seit ihren Schulzeiten mindestens genauso nahe gestanden wie ihre Eltern? Hatte ihre Freundin nicht ihre Tochter jahrelang mit in den Urlaub genommen, damit sie als Einzelkind in den Ferien Spaß mit den Kindern von Claudias Freundin haben konnte?

Claudia wurde ganz konkret und zählte, dass ihre „Freundesfamilie“ (wie sie es nannte) aus insgesamt sieben Menschen bestand.

Claudia dachte an das Telefonat mit ihrer Freundin und daran, dass sie eigentlich für diese ihre Familie bisher zu wenig gesorgt hatte.

Auf diese Weise kamen „Vaters Milliönchen“ nach und nach dorthin, wo (oft unsichtbar) die Not am größten war, zur großen Freude der Bedachten und zur noch größeren Freude von Claudia.

Nach Claudias Tod übernahm die Tochter von Claudia das Projekt mit der (wie die Tochter zu sagen pflegte) besten Idee der besten Mutter aller Zeiten. Auf dem Sterbebett sagte Claudia zu ihrer Tochter: „Vielleicht bin ich zu 20 % ausgenutzt worden, aber das drückt mich nicht angesichts der 80 % echter Freude, die ich mir und den anderen im Laufe der Jahre geschenkt habe.“

Merke:

Es gibt tausend Möglichkeiten, zum Helden zu werden. Also werden Sie einer, wo immer Ihre Vorlieben und die Gelegenheiten dazu sind. Und (be)wundern Sie sich (über sich) selbst. Es gibt kein besseres Gefühl.

Unternehmensnachfolge: Was tun, wenn der auserkorene Kronprinz gar nicht will?

Anekdote 10

Die Eltern von Heiner Bacchus waren Musiker, die sich durch Konzerte und den Betrieb eines Heurigenlokals knapp aber glücklich über Wasser hielten. Heiner hatte die Begabung beider geerbt und schon als 17-Jähriger sein erstes Stipendium als Cello-Nachwuchstalent erhalten. Das Musizieren machte ihn glücklich und sein Leben auf den Spuren seiner Eltern schien vorbestimmt.

Der Bruder von Heiners Mutter, Harro Grün, war Chemiker, betrieb erfolgreich ein Unternehmen der Lackbranche und wurde in der Familie als „der steinreiche Onkel" bezeichnet. Als sein einziger Sohn Ralf, der Chemie studierte und in Vaters Fußstapfen treten sollte, bei einer Bergtour tödlich abstürzte, suchte der Vater eine Alternative. Er brauchte nicht weit zu suchen, um mit sich selbst einig zu werden: Der Sohn seiner Schwester, unser Cellist Heiner, hatte schon immer seine Sympathie gehabt und im allerbesten Wollen für seinen Neffen Heiner schritt Harro Grün zur Tat:

Aus Anlass von Heiners Abitur lud er Heiner und dessen Freundin Tiffany zu einer achtwöchigen Weltreise ein. Harro Grün wusste um die Leidenschaft von Heiner für die Musik und versuchte ihn im Laufe seiner achtwöchigen Werbetournee umzustimmen. Er las ihm und Tiffany jeden Wunsch von den Augen ab und verpasste so den beiden Erlebnisse wie aus tausendundeiner Nacht. Im Laufe der Reise machte er die beiden mit sämtlichen Vorzügen des großbürgerlichen Lebens bekannt, und als die acht Wochen vorbei waren, kehrte Tiffany mit dem festen Vorsatz zurück, ihren Heiner von dem matten Holz seine

Cellos weg – und zum Glanzlack des wohlstandsgefüllten Lebens hinzuführen.

Heiner saß in der Falle. Sein Onkel, der viel von Marketing verstand, hatte ihn – in allerbester Absicht – in der Ecke, aus der Heiner nur noch mit einem klaren Ja oder Nein herauskommen konnte. Heiner wusste um die durchaus lauteren Absichten seines Onkels und gleichzeitig darum, dass er mit einer Entscheidung für das Chemiestudium Abschied von seiner Leidenschaft der Musik nehmen müsste.

Nachfolgeprobleme bei Unternehmen gibt es zuhauf. Sie entstehen häufig daraus, dass die Beteiligten die Sache nur und ausschließlich durch die eigene Brille sehen. Es reicht eben nicht, wenn Harro Grün sich auf Heiner als idealen Nachfolger fixiert, ihn testamentarisch zum Erben einsetzt und anschließend Heiner die Erbschaft ausschlägt. „Ich will nicht mein ganzes Leben lang Tag und Nacht nur arbeiten, wie dies mein Onkel (oder Vater oder ….) getan hat“ ist eine häufige Begründung für die Absage durch die jüngere Generation.

Wenn also unser Harro Grün seinen Neffen Heiner testamentarisch zum Nachfolger seines Unternehmens bestimmt oder ihn – hemdsärmeliger – mit Tiffanys Hilfe zum Notar schleift und ihm seine Geschäftsanteile überträgt, so ist dies ebenso wenig erfolgversprechend wie wenn Heiner sich im Strohfeuer der Begeisterung überreden lässt, um anschließend alles zu bereuen.

Merke:
Gib niemals etwas an jemanden, von dem Du nicht weißt, dass er es auch tatsächlich haben will.

Im vorliegenden Fall verlangt dies nicht nur der Respekt vor dem anderen, sondern auch das Interesse des Unternehmens und seine Prosperität. In unserem Fall Harro/Heiner gibt es vier Alternativen, die sowohl vom Onkel als auch vom Neffen gedanklich durchgespielt und diskutiert werden müssen:

Alternative 1:
Heiner muss sich fragen, was passiert, wenn er das Angebot des Onkels nicht annimmt und Musiker bleibt: „Werde ich, wenn ich in bescheidenen Verhältnissen lebe, mir später ständig Vorwürfe machen, dass ich den mir angebotenen Reichtum verpasst habe? Und wenn ich das nicht tue: Bekomme ich dann vielleicht mein Leben lang die entsprechenden Vorwürfe von meiner geliebten Tiffany? Hat der Onkel die Tiffany möglicherweise schon so sehr infiziert, dass die Entscheidung auf Dauer nur noch heißt ‚Chemiker mit Tiffany oder Musiker ohne Tiffany'?"

Alternative 2:
Was wird aus Heiner und der Firma, wenn Heiner zwar Chemie studiert und die Firma übernimmt, jedoch ständig (innerlich) seiner Frau vorwirft, dass sie ihn von seiner Liebe zur Musik abgebracht hat? Führt das eventuell zwangsläufig dazu, dass Heiner ein unzufriedener Unternehmer wird mit der Folge, dass das Unternehmen weniger erfolgreich wird? Das ist eine Frage, die sich sowohl der Onkel als auch Heiner stellen müssen.

Diese beiden ersten Alternativen zeichnen sich dadurch aus, dass es möglicherweise von Anfang an nicht „rund läuft", egal wie Heiner sich entscheidet. Damit es nicht zu einer Situation kommt, in der keiner glücklich wird, kommt Heiner nicht darum herum, sich mit den Themen

- „das Opfer"
- „der Preis" und
- „der Verzicht"

zu befassen und diese nach Möglichkeit mit seiner Tiffany und auch seinem Onkel zu besprechen. Ergebnis von Heiners Überlegungen kann als

Alternative 3:
möglicherweise sein: Heiner bleibt bzw. wird Musiker und geht in der Musik auf. Er verzichtet auf den gesicherten Wohlstand des Onkels und zahlt dadurch für sein Musikerleben einen hohen Preis. Wenn er konsequent ist, wird ihm, Heiner, die Musik dementsprechend zeitlebens beson-

ders wertvoll bleiben. Wenn seine Tiffany nicht bereit ist, dieses Opfer und diesen Verzicht mitzutragen, muss Tiffany andere Wege gehen (wie wär's mit dem Onkel?), es sei denn, dass Heiner weiß, dass ihr lebenslanges Nörgeln ihn nie stören wird (eine verwegene Prognose).

Als Alternative 4:
kann Heiner auch seine Musik opfern, d.h. auf eine professionelle Musikerkarriere verzichten. Das ist der Preis für garantierten Wohlstand und die „selbstlose" Liebe bzw. (präziser) das uneingeschränkte Wohlbefinden seiner Tiffany.

Nur wenn Heiner diesen Opfer/Verzicht/Preis-Vergleich gemacht hat, wird er sich von der Illusion lösen können, dass er „Alles haben" kann. Eine für alle Beteiligten nicht einfache, weil anstrengende Übung. Andererseits ersparen sich die Beteiligten lebenslanges Bedauern und Unglücklichsein, wie dies in den Alternativen 1 und 2 als vorhersehbar geschildert ist.

„Wer richtig falsch testiert, den wird man nie vergessen …“
(aus einem Rheinischen Schunkellied)

11 Wenn die Rechnung ohne den Wirt gemacht wird

Wenn die ältere Generation an den Bedürfnissen der jüngeren Generation vorbeiplant

Anekdote 11

Ingo Besser war ein hervorragender Journalist und Geschäftsmann. Mit 49 Jahren war er Mehrheitsgesellschafter und Chefredakteur von drei größeren Tageszeitungen, einer Großdruckerei sowie des Hochglanzmagazins „Schöneres Leben“. Ingo Bessers Namen war ihm Programm. Alles, was er unternahm, war perfekt. Nichts überließ er dem Zufall. Im Alter von 55 Jahren verfasste Ingo Besser ein bis ins letzte Detail hinein perfektes Testament. Ingo Besser dachte dynastisch. Da er die Erfahrung gemacht hatte, dass alles machbar sei, hatte er seine beiden begabtesten Kinder Edda und Richard im Doppelstudium Journalismus und Ökonomie studieren lassen; diese beiden sollten später einmal alles übernehmen (das war in seinem Testament so geregelt) und sein Lebenswerk zu immer neuer Blüte bringen. Die beiden anderen Kinder, die weniger brillant waren, ließ er spüren, dass sie nie seinen Anforderungen würden genügen können. Sie wurden im Testament mit Immobilien und Wertpapieren „mehr als großzügig bedacht“, wie Ingo nicht ohne Arroganz zu bemerken pflegte. Im Anschluss an die Abfassung seines Testamentes schrieb er in der Zeitung der Industrie- und Handelskammer einen großen Artikel mit der Überschrift „Ein Unternehmer, der mit 55 sein Testament noch nicht gemacht hat, wird auch kein vernünftiges mehr schreiben." Ingos Besser war mit sich und der Welt im Reinen.

An seinem 59. Geburtstag erhielt Ingo Besser einen Anruf von seiner Frau aus Ibiza, dass sie sich eben dort unsterblich neu verliebt habe, und zwar in den neuen Redakteur seiner Zeitschrift „Schöneres Leben" und sie eben dieses mit jenem ab sofort zu praktizieren gedenke. Ingo Besser war nicht der Mann, der sich lange mit negativen Gefühlen aufhielt (zugegebenermaßen hatte er in der letzten Zeit – genauer gesagt waren es 20 Jahre – seine Frau etwas vernachlässigt). Er konterte mit der Inbesitznahme der stellvertretenden Chefredakteurin von „Schöneres Leben" musste allerdings nach kurzer Zeit feststellen, dass diese Dame unter dem Begriff „Schöneres Leben" weniger sein als vielmehr ihr eigenes Leben im Blick hatte. Ingos Weltbild bekam erste kleine Risse.

Ingo konzentrierte jetzt seine Energie auf seine beiden Kinder Edda und Richard. Als seine Tochter Edda in Norwegen eine Artikelserie zum Thema „die Wurzeln der Germanischen Kultur" vorbereitete, verfiel sie dem Norweger Hogar und gebar ihm neun Kinder, in Deutschland ward sie nie wieder gesehen. Richard, sein designierter Nachfolger, wurde während einer Kriegsberichterstattung von deutschen UN-Soldaten mit einem Taliban verwechselt und erschossen. Seine beiden anderen Kinder hatte Ingo zeitlebens so schlecht behandelt, dass sie ihm jetzt, als er plötzlich mit weißer Fahne bei ihnen auftauchte, ihm noch nicht einmal die Türe öffneten. Ein halbes Jahr später prallte Ingo mit seinem Ferrari mit 250 Sachen in eine auf der Autobahn abgestellte Baumaschine. Von Ingo und seinem Ferrari blieb ebenso wenig übrig wie von seinen im Testament niedergeschriebenen Plänen.

In dieser Geschichte erleben wir einmal die Variante, dass zwar das Testament perfekt ist, die Familiengeschichte aber trotzdem keine glückliche wird. Ingo hatte mehrere Fehler gemacht, die auch durch ein noch so perfektes Testament nicht wieder gutzumachen sind:

Dass er seine Frau so sehr vernachlässigte, dass diese auf den Chefredakteur zurückgreifen musste, war ein Umstand, der ihm nicht gefiel, den er aber als „Ergebnis meines ununterbrochenen geschäftlichen Engagements“ noch erklären, wenn auch nicht von der Steuer absetzen konnte.

Gravierender war da schon, dass er bei seinem Bemühen, das Leben der Familie mindestens für die nächsten 70 Jahre vorauszuplanen (die Zeit bis zu seinem statistisch normalen Tod und dann noch über die Lebenszeit der nächsten Generation hinweg), das später offen zutage tretende Bedürfnis seiner Tochter Edda übersehen hatte. Edda war ganz offensichtlich weit weniger ehrgeizig und beruflich orientiert, als sich das unser Ingo schön gemalt hatte. Aus der Tatsache, dass Edda nach der Schulzeit das studierte, wofür er sie ausersehen hatte, hatte Ingo – menschlich völlig naiv – geschlossen, dass sie auch nur das im Sinn haben würde, was er für sie zum Ziel gesetzt hatte. Von „sich die Persönlichkeit der Tochter einmal näher ansehen“ keine Spur, geschweige denn von Kommunikation („was willst Du eigentlich wirklich?“). Was Edda wirklich wollte, dürfte Ingo ab dem siebenten norwegischen Enkelkind so langsam gedämmert haben …

Dass es für das Leben typisch ist, dass es meistens anders läuft als vorgesehen, wurde Ingo noch deutlicher bewusst durch den tragischen Tod seines Sohnes. Ingo hatte gegen das Aufmerksamkeitsbedürfnis seiner Ehefrau gespielt und verloren. Er hatte gegen den Charakter seiner Tochter geplant: Schachmatt. Er hatte auf ein langes Leben seines Sohnes gesetzt: Totalverlust.

Das Leben wollte einfach nicht so, wie er es vorgesehen hatte. „Jetzt muss eben das letzte Aufgebot herhalten“, sagte er sich und fuhr mit der weißen Fahne in der Hand zu seinen ungeliebten Kindern. Dass diese ihm noch nicht einmal die Tür öffneten, zeigt, dass sie weniger dumm waren als er angenommen hatte. Sie ließen sich einfach nicht in sein Programm hineinpressen. Erneutes Schachmatt.

Und Ingos Zeitungsverlage? Die ließen die Redakteure erst einmal pleitegehen, kauften sie dann aus der Insolvenzmasse für einen Euro heraus und gestalteten die alten Blätter nach ihren eigenen Vorstellungen erfolgreich neu.

Mit etwas besserem Hinschauen (das war offensichtlich nicht seine Stärke, da hätte er sich helfen lassen müssen, denn unseren blinden Fleck können wir selbst naturgemäß nicht sehen) hätte Ingo die Sehnsucht seiner Tochter Edda, Mutter zu sein, erkannt. Mit etwas mehr Nachsicht mit sich selbst und seinen weniger brillant geratenen Kindern hätte er diesen eine liebevolle Erziehung angedeihen und sie so zu ihm gewogenen Vertrauten werden lassen können.

Damit hätte er den größten Fehler vermieden, nämlich alles auf eine Karte (= ein Kind), nämlich seinen Kronprinzen Richard zu setzen.

Ergebnis:
So kommen wir schlussendlich zu dem Ergebnis, dass Ingos Testament zwar perfekt, aber nichtsdestoweniger falsch war. Er hätte sein Testament zumindest um einen „Teil II“ erweitern müssen, der – bildhaft gesprochen – in etwa hätte lauten können wie folgt:

„Teil II:
Im vorstehenden Teil I meines Testamentes habe ich meine Wünsche an das Schicksal formuliert. Wenn es so laufen könnte, wäre ich sehr dankbar. Sollte das Leben anders entscheiden, wäre ich auch damit einverstanden. Dies könnte insbesondere dann der Fall sein, wenn weder meine Tochter Edda noch mein Sohn Richard meine Verlage übernehmen wollen oder können. Für diesen Fall bestimme ich: Meine Redakteure haben das Recht, die Zeitungsverlage günstig zu erwerben, und zwar nach der von unserem Wirtschaftsprüfer ermittelten Formel, die die Redakteure finanziell nicht überfordert und gleichzeitig die Prosperität der Verlage sichert ... Meine beiden Kinder, die sich bisher nicht in die Arbeit der Verlage mit einbezogen haben, sollen bedacht werden wie folgt: ....“

Auf diese Weise hätte unser Ingo für den Fall unvorhergesehener Geschehensabläufe (je mehr von uns 90 und älter werden, desto höher steigt das

Risiko, dass Kinder vor den Eltern sterben) eine solide Alternativlösung bereitgestellt. Durch ein solches Testament – nach Möglichkeit verbunden mit einem Erb- und Pflichtteilsverzicht der Kinder – hätte er dafür gesorgt, dass die Redakteure die Zeitungsverlage weiterführen konnten, ohne dass die Kinder oder Enkel den Redakteuren dies durch die Geltendmachung von Erb- oder Pflichtteilsansprüchen finanziell hätten verunmöglichen können.

Merke:

Klug ist, wer unterscheiden kann zwischen dem, was er im Leben erzwingen kann und dem, was sich seinem Willen entzieht (Marc Aurel).

Erläuterungen zum Erb- und Pflichtteilsverzicht

Durch einen Erbverzicht ist es möglich, bereits vor dem Erbfall die Erbfolge den besonderen Verhältnissen des Einzelfalles anzupassen.

Unter einem **Erbverzicht** versteht man einen Vertrag, den der Erblasser noch zu Lebzeiten mit einem seiner künftigen gesetzlichen Erben schließt und bei dem der künftige gesetzliche Erbe (Ehegatte, eingetragener Lebenspartner, erbberechtigte Verwandte) auf sein gesetzliches Erbrecht verzichtet. Dies hat zur Folge, dass der Verzichtende beim Tod des Erblassers weder ein gesetzliches Erbrecht noch ein Pflichtteilsrecht hat. Der Verzichtende bleibt also beim Erbfall als gesetzlicher Erbe unberücksichtigt, sodass sich die Erb- bzw. Pflichtteilsquoten der übrigen gesetzlichen Erben erhöhen. Der Verzichtende selbst erhält nur dann etwas aus dem Vermögen des Erblassers, wenn er von diesem testamentarisch als Erbe eingesetzt oder ihm ein Vermächtnis zugewendet wurde.

Möglich ist auch eine Beschränkung des Erbverzichts, z.B. dahingehend, dass nur auf einen bestimmten Bruchteil des gesetzlichen Erbrechts verzichtet wird.

Der **Pflichtteilsverzicht** ist eine spezielle Art des Erbverzichts, der im Vergleich zu diesem weniger weit geht.

Beim Pflichtteilsverzicht verzichtet der Vertragspartner des Erblassers nur auf seinen Pflichtteil, nicht dagegen auf seinen gesetzlichen Erbteil. Demzufolge lässt der Pflichtteilsverzicht den gesetzlichen Erbteil des Verzichtenden unberührt, sodass er nicht wie der Erbverzicht die gesetzliche Erbfolge ändert (indem er – der Erbverzicht – die Quoten der übrigen Berechtigten erhöht). Der Verzichtende erhält daher für den Fall, dass der Erblasser kein (wirksames) Testament macht, seinen gesetzlichen Erbteil. Für den Fall eines wirksamen Testaments erhält der Verzichtende dagegen – wie beim Erbverzicht – nur dann etwas aus dem Vermögen des Erblassers, wenn er von diesem testamentarisch als Erbe eingesetzt oder ihm ein Vermächtnis zugewendet wurde. Der **Abschluss eines Erb- und/oder Pflichtteilsverzichtsvertrags** mit einem zukünftigen gesetzlichen Erben ermöglicht es dem Erblasser also, sein Vermögen (bzw. große Teile hiervon) an Dritte zu vererben, die z.B. zur Fortführung des Unternehmens geeigneter als die gesetzlichen Erben, erscheinen und dabei sicherzustellen, dass diese Dritten (z.B. entfernte Verwandte, Geschäftspartner etc.) sich nicht den Pflichtteilsansprüchen der enterbten Verwandten ausgesetzt sehen, zu deren Erfüllung möglicherweise große Teile des Unternehmens veräußert werden müssten.

Sowohl ein Erb- als auch ein Pflichtteilsverzichtsvertrag müssen **notariell beurkundet** werden.

12 Der König, der seine Macht nicht hergeben will

Soll die Unternehmensnachfolge gelingen, muss sich der Übergeber an die Spielregeln halten

Nach einer Umfrage aus dem Jahr 2007 haben 60 % aller Unternehmer die Frage ihrer Unternehmensnachfolge ebenso wenig geklärt wie ihr Testament gemacht. Wenn dies auch nur mit einer guten Portion Selbstironie möglich ist, sollten alle Chefs, die kleinen wie die großen, die Firmen- wie die Familienchefs, sich an dieser Stelle einmal lachend eingestehen: „Es ist einfach klasse, Chef zu sein.“ So, jetzt ist es raus. Und die nächste Frage lautet natürlich: „Wie sollte ich da auf die Idee kommen, diesem höchst angenehmen Zustand freiwillig ein Ende setzen zu wollen?“ Der Autor dieses Buches ist vollständig Ihrer Meinung. Leider ist diese unsere Einstellung nicht ganz unproblematisch.

Anekdote 12

Daniel König hatte sich aus kleinsten Verhältnissen hochgearbeitet. Er hatte nicht nur das feinste, sondern zwischenzeitlich auch das größte Herrenmodengeschäft in der Stadt und führte es mit ständig wachsendem Erfolg. Sein Sohn Lukas, der den gleichen Beruf von der Pike auf gelernt hatte, war seit 10 Jahren im väterlichen Geschäft tätig. Der Vater hatte, damals 55 Jahre alt, seinen Sohn Lukas mit dem Versprechen in das Unternehmen gelockt: „5 Jahre Einarbeitungszeit, 5 Jahre Übernahmephase bei gleichzeitiger Weiterarbeit des Vaters im Betrieb. Anschließend Anteilsübergabe gegen Leibrente und vollständiger Rückzug des Vaters aus dem Unternehmen“.

Als der Sohn den Vater anlässlich dessen 60. Geburtstag diskret darauf aufmerksam gemacht hatte, dass nun die Zeit für die Übergabe gekommen sei, hatte ihm der Vater erklärt, dass er sich entgegen seinen eigenen Befürchtungen immer noch so fit fühle, dass die Übergabephase verschoben würde. Böses ahnend hatte der Sohn in der Folgezeit mehrere Unternehmensberater und Rechtsanwälte damit beauftragt, seinem Vater die Übergabe durch individuelle Beratung, Konzepte, Testamente etc. zu erleichtern. Die Berater wurden verheizt, ohne dass der Vater von seinem Plan, sich erst bei einsetzender Mattigkeit langsam von seinem Unternehmen zu trennen, abwich. Auch eine freundliche Nachfrage anlässlich des 65. Geburtstages des Vaters hatte keine Änderung bewirkt. Die Mutter bekniete den Vater – ebenfalls ohne Erfolg. Der Sohn schied frustriert aus dem Unternehmen aus und eröffnete gegenüber dem väterlichen Geschäft eine todschicke Herrenboutique. Als der Vater sich vor diese Fakten gestellt sah, war er emotional wie auch organisatorisch überfordert. Drei Monate nach dem Weggang des Sohnes erlitt er einen Herzinfarkt. Auf die Schnelle fand sich kein neuer Nachfolger. Der Sohn warb dem Vater die besten Verkäufer ab und vergrößerte seine Boutique. Der Vater bekniete den Sohn, er möge doch jetzt bitte das Geschäft übernehmen. Der Sohn ließ den Vater ohne Antwort und das väterliche Geschäft in die Insolvenz gehen. Der zweite Infarkt raffte den Vater dahin. Der Sohn übernahm Vaters Geschäft für „einen Apfel und ein Ei" aus der Konkursmasse. Die Mutter verfluchte fairerweise den Vater und nicht Lukas. Letzterer hatte genug zu tun damit, sich den Vorwürfen seiner Geschwister zu erwehren, denen der Vater versprochen hatte: „Nach meinem Tod bekommt Lukas das Geschäft, aus dem heraus er Euch mehr als großzügig auszahlen kann." Zum Auszahlen war jetzt aber nichts mehr vorhanden; die anderen Kinder standen mit leeren Händen da. Schuld an ihrer Situation war nach ihrer Auffassung der Bruder Lukas. Der Familienfriede war beim Teufel. Die Geschwister und ihre Kinder waren einander Feinde geworden.

Aus der Geschichte wie aus den Märchen kennen wir den Ruf „Der König ist tot, es lebe der König". Ein König war auf Lebenszeit König, so wie der Papst auf Lebenszeit Papst ist. In unserem bürgerlichen Leben gelten andere Gesetze. Nur wollen wir komischerweise dann nichts davon wissen, wenn wir derjenige sind, der sich freiwillig zurückziehen soll. Es ist eben doch zu schön, König zu sein. Und übrigens: Diejenigen, die jetzt die Abdankung des Königs verlangen, werden einmal selber Könige sein und die Macht nicht abgeben wollen.

Dummerweise führt genau dieses – durchaus verständliche – Verhalten zu ewig währenden Reibereien, Kriegen, Demütigungen, Intrigen und Putschen, kurzum: zu alledem, was uns – wenn wir es am eigenen Leibe erleben – meist über Jahre hinweg die Stimmung und die Familie versaut. Woran liegt's und ist das nicht etwa unvermeidbar? Ist es nicht.

In diesem und im nächsten Kapitel geht es letztlich um die Frage, inwieweit wir gezwungen sind, uns gegenseitig wie Tiere zu behandeln oder das Tier durch **Kultur und kultiviertes Zusammenleben** zu ersetzen bereit und in der Lage sind. Bereit vielleicht schon, aber in der Lage …?

Die Regel, dass der König bis zu seinem Tod König bleibt, hat den Vorteil der Klarheit. In unserer Zeit allerdings, in der die meisten von uns 90 oder 100 werden können, aber schon mit 50 nicht mehr so schnell sind wie die 25-Jährigen, sollten wir das alte System nicht zurückrufen wollen.

Unser obiges Beispiel ist typisch für die Macht des Naturgesetzes: Der Daniel König tritt erst ab, als der junge Lukas König ihn entmachtet. Der junge König gibt nach seinem Sieg über den alten König diesem auch kein Pardon. Das ist der tierische Weg, den aber die meisten Menschen immer noch – bewusst oder meistens unbewusst – wählen.

Die kultivierte Variante wäre die geordnete frühzeitige Übergabe mit dem rechtzeitigen Rückzug. Sein Versprechen (der Übergabe mit 65) zu halten, ist übrigens auch ein Ausdruck von Kultur, die der alte Daniel König nicht praktiziert hat. Dabei hätte dieses – kultivierte – Verhalten beiden, sowohl der alten als auch der neuen Generation, Vorteile gebracht, denn der alte König könnte in Ehren gehen, hätte Anerkennung und sein gutes Auskommen und könnte sich auf Dinge, die seinem Alter entsprechen, konzentrieren, statt sich mit den jungen Wölfen zu messen, was ohnehin früher oder später zulasten des alten Wolfes gehen wird.

In der kultivierten Variante könnte sich – wie es der Vater versprochen, aber nicht gehalten hat – der Junge auf die Übernahme vorbereiten, er könnte das Geschäft mit eigenem Stil weiterführen und so auch den Ruhm des Vaters mehren. Und: Keiner von beiden verliert Zeit und Kraft mit Machtspielen. In unserem Fall hat zwar der Vater die kultivierte Variante versprochen, aber nicht durchgehalten.

Viel klüger war da ein Textilfabrikant, der durch gelebte Firmen- und Übergabekultur sich und seinen Söhnen ein bleibendes positives Denkmal setzte:

Zu seinem 60. Geburtstag gab er ein großes Fest. Bei seiner Rede holte er seine beiden Söhne auf die Bühne und erklärte den Hunderten von Anwesenden, dass er stolz darauf sei, zwei so gelungene Söhne als seine Nachfolger präsentieren zu dürfen. Kurze Zeit später übertrug er seinen Söhnen die Mehrheit der Firmenanteile. Und – und jetzt kommt der Clou – er machte mit einem genialen Schachzug seine beiden Söhne nicht nur zu seinen Nachfolgern, sondern zu seinen **erfolgreichen** Nachfolgern: Schon über Jahre hinweg hatte er sich um die Akquisition zweier Großaufträge bemüht. Als die beiden Aufträge schon ziemlich in trockenen Tüchern waren, überließ er die weiteren Schritte und den Abschluss der Aufträge seinen Söhnen. Anschließend ließ er über die Firmenzeitung eine Pressemitteilung herausgeben, in der zu lesen stand, dass die beiden Söhne bereits nach kurzer Einarbeitungszeit zwei der größten jemals abgeschlossenen Aufträge an Land gezogen hatten.

Hier hatte nicht mehr das Ego eines alten Löwen, sondern die Weisheit eines kultivierten Mannes gehandelt. Die Söhne bekamen gleich von Anfang an einen herausragenden Stand und wenn der Vater sich im Freundes- und Geschäftskreis im Erfolg seiner Söhne sonnte, so verstärkte er damit gleichzeitig deren Glanz wie auch den des Unternehmens.

Merke:

So muss es laufen.

Erläuterungen zur Unternehmensnachfolge zu Lebzeiten

Eine Übertragung von Unternehmen schon zu Lebzeiten des Erblassers kann den Vorteil haben, dass so eine Weiterführung des Unternehmens – so diese gewollt und möglich ist – oftmals reibungsloser verlaufen kann, als dies bei Übernahme im Todesfall möglich wäre.

Auch bei der lebzeitigen Unternehmensnachfolge sind jedoch einige Aspekte zu berücksichtigen.

Zunächst muss der Übernehmer vor der Übernahme prüfen, ob er – falls er verheiratet ist – in einem den zukünftigen Zwecken angemessenen ehelichen Güterstand lebt. Um zu verhindern, dass der Wertzuwachs des Unternehmens im Falle eines Scheiterns der Ehe seinem Wert nach am Zugewinnausgleich teilnimmt, empfiehlt sich die ehevertragliche Vereinbarung einer Gütertrennung oder einer sogenannten „modifizierten Zugewinngemeinschaft". Auch steuer- und haftungsrechtliche Faktoren sind bei der Wahl bzw. Anpassung des Güterstandes zu berücksichtigen.

Weiterhin ist zu überlegen, ob die Übernahme zu Lebzeiten durch eine Änderung der Rechtsform des Unternehmens flankiert werden soll. Diese Frage stellt sich vor allem bei der Übergabe von Einzelunternehmen, da hier möglicherweise durch eine Umwandlung z.B. in eine KG oder in eine GmbH steuer- und haftungsrechtliche Vorteile für den Übernehmenden erzielt werden können.

Darüber hinaus muss bei der lebzeitigen Übergabe des Unternehmens selbstverständlich auch an die Versorgung der übergebenden Generation gedacht werden. Hier sind Gestaltungselemente wie eine Einmalzahlung, Ratenzahlungen, Rentenzahlungen, aber auch Ausgleichszahlungen an Dritte (z.B. an weichende Erben) sowie die Übernahme von Verbindlichkeiten zu erwägen.

Schließlich muss auch der Fall bedacht werden, dass es für die übernehmende Person aus irgendwelchen Gründen nicht möglich sein sollte, das Unternehmen (erfolgreich) fortzuführen. Die Gründe hierfür können ganz unterschiedlicher Natur sein. So kann z.B. der Übernehmer krank werden und die Firma daher nicht mehr fortführen können; auch ist es möglich, dass sich Übernehmer und Übergeber nach Einleitung der Übergabe zerstreiten und die Weiterführung der Übergabe daher nicht mehr gewollt wird, oder aber, dass sich schlicht herausstellt, dass der Übernehmer aus praktischen Gründen nicht zur weiteren Unternehmensführung geeignet ist. Hier sollte eine Vereinbarung gefunden werden, die es dem Übergeber zum einen ermöglicht, unter bestimmten Voraussetzungen die Übergabe wieder rückgängig machen zu können, die aber auch dem Übernehmer die Sicherheit gibt, dass der Übergeber nicht nach Belieben das bereits Übertragene wieder zurückverlangen kann (Stichwort „faire Rückforderungsklauseln"). Hier muss individuell ein zufriedenstellender Ausgleich der Interessen beider beteiligter Seiten gefunden werden.

13 Wenn der König den Sohn um den Thron betrügt

Das Gesetz des Dschungels oder kultiviertes Miteinander?
Wenn die alte Generation ihre Versprechen nicht hält

Wie wir eben gesehen haben, ist es eine der schönsten – und gleichzeitig auch erfolgreichsten – Aufgaben eines kultivierten Elternhauses, dass die Eltern ihre Kinder ins rechte Licht stellen statt ins Abseits. Das kann man an dem Beispiel des klugen Textilfabrikanten besonders schön sehen; das gleiche gilt natürlich überall, beim Landwirt, beim Schuster, beim Arzt oder Bäcker – diese Kette lässt sich beliebig fortsetzen. Das System funktioniert überall gleich: Überall dort, wo die alte Generation der neuen Generation Platz macht, damit die neue Generation ihren Platz – sei es im Unternehmen, sei es in der Familie (da ist es genauso wichtig!) – einnehmen kann, wird Kultur praktiziert. Kultur heißt: Dem anderen freiwillig den ihm zustehenden Platz einräumen und so seinerseits Respekt erfahren. Lassen Sie uns diese Betrachtungen durch eine weitere Anekdote ergänzen:

Anekdote 13

Der Urgroßvater von Roy Best hatte – noch zu Kaisers Zeiten – ein Unternehmen gegründet, das der Großvater von Roy zu einem Großunternehmen weiterentwickelt hatte.

In der dynastischen Folge war inzwischen Roys Vater zum Unternehmenschef aufgerückt und es schien selbstverständlich, dass Roy in der vierten Generation die Geschicke des inzwischen multinationalen Konzerns übernehmen würde. Roy war nicht nur Kronprinz, er fühlte sich auch so und schloss die notwendigen Ausbildungen mit Bravour ab.

Leider hatte Roys Vater nicht den Pioniergeist der früheren Generationen. Persönlich mehr als saturiert und den Herausforderungen durch die Konkurrenz müde, freute er sich über das Angebot eines ausländischen Konkurrenten, sein Unternehmen zu einem sagenhaft hohen Preis zu übernehmen. Roys Vater wollte „Kasse machen". Auf der anderen Seite stand Roy schon lange in den Startlöchern, um die Leitung des Unternehmens zu übernehmen. Roys Vater wusste, dass er seinem Sohn als Motiv für den Verkauf unmöglich seine Geldgier angeben konnte. Dementsprechend ließ er diese peinliche Wahrheit von einer Consulting Group in ein Gutachten verkleiden, aus dem sich auf 2.000 Seiten ergab, dass die Position des Unternehmens auf dem internationalen Markt eine höchst gefährdete sei. Dieses Gutachten legte er seinem Sohn vor mit der Bemerkung, dass er weder sich selbst noch seinen Sohn für befähigt halte, dieser Herausforderung erfolgreich zu begegnen.

Roy, ein aufrechter und sensibler Mann, war wie vor den Kopf geschlagen. Er verstand nur eines: Dass er für unfähig angesehen wurde, das Unternehmen weiterzuführen. Das Wort „unfähig" vermischte sich bei ihm emotional mit dem Begriff „unwürdig". Roy war menschlich so tief getroffen, dass er noch nicht einmal einen Versuch machte, seinen Vater umzustimmen. Roy starb verbittert 7 Jahre nach dem Verkauf des Unternehmens an einer – wie es im Familienkreis hieß – unheilbaren Krankheit. Sein Vater, nicht gerade ein Menschenkenner, quittierte am Grab des Sohnes dessen vorzeitiges Ableben mit der Bemerkung, dass der vorzeitige Tod des Sohnes die Richtigkeit seiner Verkaufsentscheidung nachträglich bestätigt habe. Tatsächlich war der Sohn an den Folgen einer schweren Depression zugrunde gegangen.

Die Parallelstory aus dem Geschichtsbuch: Im 16. Jahrhundert verkaufte der Fürst von Burgund fast sein ganzes Reich für 200.000 Golddukaten an Ludwig XI. Sein Sohn, Karl Hardi, reagierte auf diesen „Verrat" des Vaters in Form von unzähligen Kriegen, die Frankreich über Jahrzehnte erschütterten, entvölkerten und finanziell ausbluteten. Die gleiche negative Energie eines um seinen Thron betrogenen Königssohnes war auch in Roy. Anders als Karl Hardi wagte Roy allerdings den Krieg gegen den Vater nicht, statt aggressiv wurde Roy depressiv.

Im vorhergehenden Kapitel 12 haben wir Daniel König als den Platzhirsch erlebt, der seinem Sohn Lukas den Platz nicht räumen wollte. Daraufhin biss Lukas den alten Platzhirsch buchstäblich aus dem Revier (nämlich aus der Einkaufsstraße). Im Fall von Roy war das tierische Rausbeißen des Vaters nicht möglich. Anders als Lukas konnte Roy nicht einfach „auf der anderen Straßenseite ein Konkurrenzunternehmen aufmachen". Im Übrigen hatte auch er auf das Versprechen des Vaters vertraut und eine lange Ausbildung für die versprochene Position absolviert. Der Vater hatte seinen Sohn um des Geldes willen (das er schon längst nicht mehr nötig hatte) um den Thron betrogen. „Das war sicherlich mehr als unfair", wird sich der eine oder andere Leser denken und in seinen Überlegungen fortfahren: „Aber was soll's: Roy hatte sicherlich Zeit seines Lebens mehr als genug Geld und nach dem Tod des Vaters hätte er dessen Vermögen geerbt. Warum also hat er sich die ganze Angelegenheit so zu Herzen genommen?" Um eben dies zu verstehen, müssen wir uns folgendes vor Augen halten:

Wofür steht ein Königreich? Wofür steht ein Unternehmen (ob klein oder groß, spielt keine Rolle)? Wofür steht das – hier sogar versprochene – Recht auf die Nachfolge? Für die junge Generation geht es um die Ehre, um den Platz in der Familiengeschichte, um das „von der alten Generation anerkannt werden", auch in dem Sinne, dass die junge Generation die Erfahrung machen will, dass die alte Generation sie für würdig hält, den ersten Platz einnehmen zu dürfen.

Nichts von alledem lässt der Vater seinem Sohn Roy zukommen und verursacht damit eine tiefe Kränkung des (im übertragenen Sinne) Königssohnes. Auch die auf den Thron ausgerichtete Ausbildung des Sohnes wird auf einmal wertlos mit der geschilderten Konsequenz einer schweren Krankheit.

Merke:
Kränkung macht krank. Und mit Erbschaften können enorme Kränkungen einhergehen. Dass diese tiefe Konsequenzen in seelischen Bereichen haben, machen viele sich viel zu wenig bewusst. Ob Landwirt, Bäcker, Arzt, Schuster oder Großunternehmer: Sie, verehrte Leser, gehören jetzt zu den Wissenden.

Die Geschichte von Roys Vater, der „Kasse machen" will, ist in Zeiten, in denen große Pensionsfonds überall auf der Welt gute Firmen aufkaufen, nichts Ungewöhnliches, ja in gewisser Weise sogar repräsentativ. Vielleicht hat sich Roys Vater in späteren Jahren einmal die Frage gestellt, ob er das nicht hätte besser machen können: Er hätte.

Er hätte Roy seinen schon lange versprochenen Platz einräumen können. Er hätte Roy eingeweiht: „Mein Lieber, ich habe keine Not, aber ein super Angebot eines Konkurrenten, der unser Unternehmen kaufen will. Du bist der zukünftige Chef des Unternehmens, daher bist es Du, der letztlich die Entscheidung fällt. Lass uns die Sache gründlich prüfen und überlegen, die letzte Entscheidung steht alleine Dir zu."

Allein diese vier Sätze hätten Roy zum König gemacht. Er hätte damit alles erhalten, was ihm der Vater in unserer Geschichte vorenthalten hatte: Zum einen hätte der Vater sein Versprechen eingelöst, sich selbst zurückzuziehen. Zum anderen hätte er mit diesen Worten dem Sohn den Chefsessel bereitgestellt und gesagt: „Der gehört jetzt Dir". In früheren Zeiten war dies das Ritual der Inthronisation, der kultivierten Machtübergabe. Für Roy wären diesen vier Sätze außerdem verbunden gewesen mit der Würde, jetzt Chef zu sein, aber auch mit dem Gefühl der Kontinuität, dass ihm sein Platz in der Familiengeschichte eingeräumt wird und – natürlich auch – dass ihm die ältere Generation vertraut, das Weiterführen der Tradition zutraut. Die Folgen solcher Rituale (die, wie in unserem Fall, in wenigen Sätzen bestehen können) sind: Selbstachtung und Dankbarkeit der jungen Generation gegenüber der alten Generation.

Bei den dann folgenden Beratungen über die Frage, ob verkauft oder weitergeführt wird, dürfte Roys Vater durchaus Berater einsetzen und auch seine eigenen langjährigen Erfahrungen einbringen. Er müsste sich allerdings von einem trennen: Von der Idee, dass „es im Ergebnis so laufen muss, wie ich es will“. Stattdessen müsste er mit sich selbst ins Reine kommen: „Es besteht keine Notsituation, ich würde zwar gerne Kasse machen, aber ich werde mein persönliches Ziel dem Wohl meines Sohnes und damit auch dem Wohl der zukünftigen Generationen unterordnen. Ich räume ihm den ersten Platz ein, wie er auch mir eingeräumt worden war. Was richtig ist für die Zukunft des Unternehmens, weiß ohnehin keiner. Also gibt es nur eine Priorität und das ist die Einlösung meines Versprechens und damit die Inthronisierung des Sohnes durch Übergabe der Entscheidungsgewalt.“

Früher erfolgte die Inthronisierung in einem feierlichen Staatsakt, heute im Rahmen weltlicher Rituale: Ein feierliches Abendessen, ein Aufsichtsrats- oder eine Familiensitzung.

Jetzt herrscht der Vater nicht mehr als Tier und als Platzhirsch, sondern er agiert als Mensch und Kulturwesen: Mit der Übertragung bringt er dem Sohn gegenüber Vertrauen zum Ausdruck und erreicht auf diese Weise unter anderem, dass einige Jahrzehnte später auch der Sohn sich dem Wohl zukünftiger Generationen unterordnet.

Merke:
So funktioniert Kultur.

Alles im Leben ist nur ein Gleichnis.
(Goethe)

14 Geld oder Liebe

Schenken und Vererben als Ausdruck von Wertschätzung und Zuneigung. Beim Geben und Nehmen innerhalb der Familie geht es nicht um Geld, sondern um Gefühle

Anekdote 14

Richard Schneider und seine Frau Liz hatten vier Kinder: Alfons, Brigitte, Carl und Daniela. Sowohl Richard als auch Liz hatten eine Eigengart, unter der die Kinder zeitlebens litten: Gleich Zeus und den anderen griechischen Göttern verteilten sie ihre Gunst, Liebesbeweise und Streicheleinheiten an ihre Kinder ebenso launen- wie sprunghaft und ohne Rücksicht auf die Wirkungen, die sie mit diesem Verhalten bei den Kindern erzeugten.

So erkoren Liz und Richard beispielsweise während der Schulzeit der Kinder immer dasjenige der Kinder zu ihrem Lieblingskind aus, das gerade die besten schulischen Leistungen brachte. Alfons, der Älteste war Mutters persönlicher Liebling, was sie den anderen Kindern auch ständig erzählte. Der Vater wiederum bevorzugte Daniela gegenüber Brigitte, weil sie hübscher war als diese. Brigitte fühlte sich zeit ihres Lebens minderwertig, weil die Eltern ihr schon von klein an unter die Nase hielten, dass sie nicht so gut aussehe wie ihre Schwester. Carl wiederum litt als Drittgeborener darunter, dass der Vater seinen Bruder Alfons „als seinen Erstgeborenen“ überall mit hinnahm, während Carl zuhause bleiben musste. Hingegen war Carl ein Supersportler, der es im Tennis zum Deutschen Meister brachte. Dies wiederum hielt die Mutter Liz dem erstgeborenen Sohn Alfons unter die Nase mit dem unmissverständlichen Hinweis, dass seine, Alfons Leistungen im Verhältnis zu seinem Bruder sehr zu wünschen übrig ließen

Brigitte war zwar nicht hübsch, aber die fleißigste, als erste mit ihrem Medizinstudium fertig und unterstützte die Eltern in allen gesundheitlichen Angelegenheiten, was die Eltern den anderen Kindern so lange vorwurfartig betonten, bis diese anfingen, sich schlecht zu fühlen und Brigitte für diese so erreichte Nähe zu den Eltern zu beneiden.

So wurde ein Kind gegen das andere ausgespielt, keines fühlte sich so richtig wohl. Jedes war auf den anderen – aus dem einen oder anderen Grund – eifersüchtig und neidete ihm etwas. Jedes der Kinder wusste, dass es auf die eine oder andere Art besonders gut funktionieren musste, um von den Eltern liebgehabt zu werden. Kurzum: Es war ein konstantes Gefühlsdurcheinander, wie man es nur aus schlechten amerikanischen Filmen kennt und das demzufolge in Europa, geschweige denn in Deutschland, nie und nimmer auch nur im Geringsten in einer wirklichen Familie vorkommen könnte..... (?).

Als Richard und Liz ihr Testament machten, bevorzugten sie betreffend die Höhe des Erbteils ganz eindeutig Alfons und Daniela. Der Intarsienschrank aus dem Dresdner Schloss (das einzige Stück, an dem bekanntermaßen Danielas Herz wirklich hing) ging jedoch per Testament an Brigitte und die drei Oldtimer-Sportwagen des Vaters, die dieser zeit seines Lebens an Alfons versprochen hatte, gingen per Testament an Claus.

Nachdem sie solcherart den Tisch für den Erbenstreit gedeckt hatten, verstarben Richard und Liz bei einem Verkehrsunfall. Das Schlachtfest konnte beginnen.

Einig waren sich die Kinder lediglich darin, dass keiner zufrieden war. Das Testament wurde von allen Vieren vor Gericht gezerrt und in vielen Punkten erfolgreich angefochten. Alfons verlangte von Claus die drei Oldtimer-Sportwagen heraus, Daniela verklagte Brigitte auf Herausgabe „ihres“ Schrankes, Claus klagte gegen Alfons und Daniela auf Gleichbehandlung betreffend des erheblichen Barvermögens.

Rein materiell gesehen hätte keines der Kinder den Prozess nötig gehabt: Alfons, der unbedingt die Oldtimer-Sportwagen haben wollte, hatte man bereits vor vielen Jahren wegen verschiedener Alkohol- und Unfalldelikte den Führerschein auf Lebenszeit entzogen. Daniela war mit einem Antiquitätenhändler verheiratet, der ihr „auf die eine oder andere Weise“ (wie er zu sagen pflegte) einen gleichwertigen Schrank schon wieder besorgt hätte. Claus und Brigitte waren wirtschaftlich erfolgreich und hätten auf die Differenz beim Bargeld mit einem Lächeln verzichten können.

Wofür also die ganze Auseinandersetzung, die letztlich zur völligen Zerrissenheit der vier Familienstämme führte? Vordergründig geht es wie immer ums Geld, um Besitz, Gegenstände, Autos, Antiquitäten, Unternehmen oder das von allen begehrte schöne Tafelsilber großmütterlicherseits. Darum kann man sich streiten. Das kann von den anderen Geschwistern verlangt und gerichtlich eingeklagt werden.

Hingegen gibt es in unserer Rechtsordnung keine Vorschrift, nach der Brigitte gegen Daniela auf Herausgabe der vielen Streicheleinheiten klagen könnte, die der Vater Daniela vor den Augen von Brigitte hatte zukommen lassen. Ebenso wenig gibt es einen Paragraphen, nach dem Claus gegen Alfons auf Herausgabe der offensichtlichen emotionalen Bevorzugung von Alfons durch den Vater hätte klagen können. Und doch ist es genau das, was die Erben wollen, wenn sie sich streiten: Es geht um Gefühle.

Es geht um die Verletzungen, die die meisten von uns innerhalb der Familie hinnehmen müssen. Um die Demütigung der Brigitte durch die Bevorzugung der hübscheren Schwester durch den Vater. Um die Angst, (z.B. in der Schule) nicht gut genug zu sein, um die Liebe der Eltern zu erhalten; um die Angst, gegenüber den anderen Geschwistern benachteiligt zu werden, um Eifersucht, Neid, Verletzungen, erzwungene Unterwerfung, Schmerz und Rache.

Ihnen, verehrte Leser, ist natürlich nicht entgangen, dass wir mit diesen Begriffen genau dort angekommen sind, wo wir bei der Einleitung begonnen haben: Die großen Epen, die großen antiken und mittelalterlichen Sagen, die Geschichten von den großen Verletzungen, von der sich nie schließenden Wunde des Amfortas, vom Tod und von der Rache. Damals wie heute geht es nur vordergründig um den Ring des Nibelungen oder das Wertpapiervermögen. Die Wahrheit ist – wie immer – verdeckt: In Wahrheit ging und geht es um ganz Anderes. Und das macht die Angelegenheit ebenso spannend wie unendlich.

Variante: Eltern nicht launenhaft – trotzdem Rivalitäten

Es dürfte Einigkeit darüber bestehen, dass das Verhalten von Liz und Richard ihren Kindern gegenüber nur mit der Note „ziemlich unterbelichtet“ bewertet werden kann. Interessanterweise gibt es jedoch auch bei weniger launenhaften Eltern in so gut wie allen Familien (die der verehrten Leser natürlich ausgenommen) Verletzungen und Rivalitäten zwischen den Kindern, die uns unerklärlich erscheinen mögen, nichtsdestoweniger aber vorhanden sind und eben deswegen berücksichtigt werden müssen.

Variante

Theo und seine Frau Dorothea hatten eine Tochter Sissi und einen Sohn Ludwig. Theo hatte die von seinem Vater geerbte Zahnarztpraxis zu einer Goldgrube umgebaut und erweitert, die Ludwig in der dritten Generation im Begriff war zu übernehmen. Sissi studierte in Paris die schönen Künste und das Nachtleben. Soweit so gut.

Eines Abends in beiderseits angetrunkenem Zustand beklagte sich der Sohn Ludwig beim Vater Theo bitterlich darüber, von den Eltern gegenüber seiner Schwester Sissi benachteiligt zu werden; offensichtlich sei Sissi den Eltern viel näher und vielmehr wert als er, Ludwig. Dies sei ihm unerträglich und er beginne, seine Eltern ebenso wie seine Schwester aus eben diesem Grunde von Herzen zu hassen.

Die entsprechende Nachfrage ergab, dass Theo unlängst vor einer größeren Reise an einem Abend sein Testament niedergeschrieben und es auf dem Schreibtisch hatte liegenlassen. Theo, kein Freund langer Worte, hatte dort verfügt. „Ludwig, bekommt die Praxis, alles andere bekommt Sissi". „Alles andere" war nun in der Tat wesentlich mehr wert als die Praxis. Andererseits konnte Ludwig bei entsprechendem Arbeitseifer mit der Zahnarztpraxis monatlich ein Vielfaches von dem verdienen, was Sissi voraussichtlich mit ihren schönen Künsten verdienen würde.

Letztlich war das liegengebliebene Testament des Vaters für die Familie ein Segen. In langen Gesprächen erläuterte der Vater dem Sohn, dass dieser zwar nicht mit einem goldenen Löffel, wohl aber mit einer goldenen Krone im Mund geboren worden war und daher der allerletzte sei, der sich zu beklagen habe. So konnte der Familienfrieden wiederhergestellt werden. Trotzdem blieb dem Sohn Ludwig der Gedanke „Meine Schwester bekommt mehr, also ist sie meinen Eltern auch mehr wert" in Ludwigs Hinterkopf und Herz haften und wollte ihn auch Zeit seines Lebens nie mehr ganz verlassen ….

Merke:
Beim Geben und Nehmen innerhalb der Familie geht es nicht um Geld, sondern um Gefühle.

„Schlage nie ein Kind in einer fremden Stadt,
es könnte Dein Eigenes sein.“
(alte Matrosenweisheit)

15 Alle Karten auf den Tisch

Wie das Verschweigen wesentlicher Informationen die Familie zerstören kann

Anekdote 15

Aus flüchtigen, aber nichtsdestoweniger fruchtbaren Beziehungen hatte Florian Flott schon in jungen Jahren zwei nichteheliche Söhne. Später heiratete er und hatte mit seiner Ehefrau Amelie weitere drei Kinder. Von seinen Kindern aus seiner Jugendzeit erwähnte er gegenüber seiner Familie nichts.

Florian Flott war ein fürsorglicher Ehegatte und Familienvater. Er tat alles, damit seine Frau und seine Kinder glücklich waren. Für seine Frau und seine Kinder war er der beste Ehemann und Vater, den sie sich überhaupt nur vorstellen konnten. In späteren Jahren kaufte Florian Flott ein Haus, das er aber nur zur Hälfte bezahlen konnte, weil ihm das Geld ausging.

Um den Eltern das Weiterleben im Haus zu ermöglichen, gab die Tochter Traudl dem Vater ihr sämtliches Erspartes. Anschließend versprachen Florian und seine Frau Amelie der spendablen Tochter Traudl, dass dieser nach dem Tod der Eltern das Haus gehören solle. Um diesen Anspruch der Tochter zu sichern, verzichteten die beiden anderen Kinder aus der Ehe von Alfred und Amelie Flott mit notariellem Vertrag auf ihre Erb- und Pflichtteilsansprüche sowohl nach dem Vater als auch nach der Mutter.

So weit so gut. Schlecht war, dass dieses Prachtstück von Vater ausgerechnet auf seinem Totenbett seiner Frau und seinen ehelichen Kindern mitteilte, er müsse jetzt auf seine letzten Stunden sein Gewissen erleichtern und ihnen sagen, dass noch zwei weitere Kinder von ihm abstammten und diese nach seinem Tod aller Voraussicht nach auch ihre Erbansprüche geltend machen würden. Er, Florian, habe seiner Familie die Geschichte seiner nichtehelichen Kinder nie erzählen wollen, da er Angst gehabt habe, anschließend von seiner Frau und seinen Kindern weniger geliebt zu werden.

Mit ebendieser Reaktion sah sich Florian nunmehr konfrontiert: Im Bruchteil einer Sekunde verfiel Florian bei seiner Familie, die ihn bisher immer bewundert hatte, zum ehrlosen Lügner. Die Frau und die drei ehelichen Kinder sahen sich reingelegt und wollten den Vater am liebsten umbringen. Dies in die Tat umzusetzen war ihnen nicht mehr vergönnt, weil der Vater ihnen zuvorkam, indem er sich unmittelbar nach seiner Beichte mittels natürlichen Todes aus dem Staub machte.

Anschließend kamen die beiden nichtehelichen Söhne und klagten sich ihr Erbe ein. Sie konnten nur dadurch ausbezahlt werden, dass das Haus, das der Tochter Traudl versprochen war, verkauft wurde. So kam die Tochter Traudl um ihr Haus. Die Witwe Amelie Flott saß auf der Straße.

Florian hatte sich zu seinen Lebzeiten bei seiner Familie bestens bewährt. Dass er aus Angst vor Liebesverlust seiner Familie nichts von seinen beiden nichtehelichen Kindern erzählt hatte, ist menschlich nachvollziehbar. Spätestens aber anlässlich der Hilfe seiner Tochter, die ihr gesamtes Vermögen im Vertrauen auf den Vater hingab, hätte Florian seine mentale Handbremse lösen und der Familie seine Jugendsünden beichten müssen. Die

Alternative wäre gewesen, dass er die Zahlung von seiner Tochter nicht angenommen und somit keine Abhängigkeiten geschaffen hätte.

Wenn Florian ebenso klug wie flott gewesen wäre, dann hätte er vielmehr mit seinen nichtehelichen Kindern Pflichtteilsverzichtsverträge abgeschlossen, damit diese bei seinem Tod nicht das eheliche Familienvermögen angreifen konnten. Da Florian dies nicht getan hatte, gab es nur eine richtige Lösung: Karten auf den Tisch. Indem er aber eben dies gerade nicht tat, beging Florian Flott Betrug gegenüber seiner Familie mit hohem finanziellem Schaden, vom moralischen ganz zu schweigen. Dass diese Form des Betruges nicht bestraft wird, liegt einzig und allein an der Tatsache, dass bisher noch kein Toter zur Hauptverhandlung erschienen ist.

Erläuterungen zum Pflichtteilsverzicht

Ein Pflichtteilsverzichtsvertrag ermöglicht es dem Erblasser, dem Verzichtenden testamentarisch weniger als den Pflichtteil zuzuwenden und dennoch sicherzustellen, dass dieser seinen Pflichtteil nicht verlangen kann. Dies kann insbesondere dann sinnvoll sein, wenn der Hauptgegenstand des Vermögens (z.B. Immobilie, Unternehmen) auf einen oder mehrere Erben übertragen werden soll und diese davor geschützt werden sollen, den Gegenstand zur Erfüllung von Pflichtteilsansprüchen verkaufen zu müssen. Oftmals wird dem Verzichtenden auch eine Gegenleistung für den Verzicht (Abfindung) gewährt. Der Pflichtteilsverzicht hat zur Folge, dass der Verzichtende für den Fall, dass der Erblasser kein (wirksames) Testament macht, seinen gesetzlichen Erbteil erhält. Für den Fall eines wirksamen Testaments erhält der Verzichtende dagegen nur etwas aus dem Vermögen des Erblassers, wenn er von diesem testamentarisch als Erbe eingesetzt oder ihm ein Vermächtnis zugewendet wurde.

Ein Pflichtteilsverzichtsvertrag kann nur mit Personen geschlossen werden, die beim Tod des Erblassers Pflichtteilsberechtigte wären. Dies sind zum Einen die ehelichen wie auch nicht ehelichen Kinder des Erblassers und zum Anderen dessen Eltern und Ehegatte bzw. eingetragener Lebenspartner. Ein Pflichtteilsverzichtsvertrag muss **notariell beurkundet** werden.

Im Beispielsfall hätten daher nicht nur mit den ehelichen Söhnen des Erblassers, sondern auch mit dessen nichtehelichen Kindern Pflichtteilsverzichtsverträge geschlossen werden müssen, um sicherzustellen, dass die Tochter als Erbin des Hauses dieses zur Erfüllung der Pflichtteilsansprüche ihrer Halbbrüder nicht veräußern muss.

Zusätzlich kann das Versprechen der Eltern gegenüber der Tochter in einem **notariellen Erbvertrag** beurkundet werden, sodass die Eltern hieran schon zu Lebzeiten gebunden sind.

16 Ein klares Wort zur rechten Zeit

Familiengespräche über die Pläne, wie Eltern Ihr Vermögen an Ihre Kinder vererben wollen, müssen perfekt vorbereitet sein

Vieles in diesem Buch spricht dafür, mit dem Thema Tod und Vererben offener umzugehen als wir dies vielleicht von den Generationen vor uns gewöhnt sind. Transparenz und Kommunikation anstelle von Schweigen und Misstrauen sind auf alle Fälle dort angebracht, wo organisatorische Vorbereitungen für die Übergabe an die nächste Generation notwendig sind (beispielsweise bei Vererbung von Firmen), aber auch dort, wo bereits zu Lebzeiten des Erblassers in der nächsten Generation so viele gegenläufige Interessen bestehen, dass eine offene Diskussion der testamentarischen Regelungen bereits zu Lebzeiten des Erblassers sich geradezu aufdrängt.

Trotzdem muss die Frage erlaubt sein, ob die ältere Generation sich immer einen Gefallen tut, wenn sie alle Karten schon zu Lebzeiten auf den Tisch legt.

Anekdote 16

Renate Biedermann hatte zwei Häuser, einen Ehemann und mit diesem ein Kind sowie weitere zwei Kinder aus einer ersten Ehe. In ihrem ersten Testament bestimmte sie, dass für den Fall ihres Todes ihre beiden Kinder aus erster Ehe sich das eine Haus teilen sollten, das andere Haus sollten sich ihr Ehemann und ihr gemeinsames Kind teilen. Um einem unüberlegten Verkauf vorzubeugen, sollten die Häuser erst zehn Jahre nach ihrem Tod verkauft werden dürfen.

Renate Biedermann hatte sich die Sache sehr gut durchdacht. Sie wollte nicht, dass sich ihre Erben eines Tages zerstreiten würden und eröffnet bei einem gemeinsamen Essen den vier Beteiligten ihren Plan „damit alle wissen, woran sie sind und es nach meinem Tod kein böses Blut gibt“.

Aus diesem Gespräch entstanden bereits zu Renates Lebzeiten langwierige Streitereien.

Klaus, Renates ältester Sohn aus erster Ehe, hatte zum Kauf eines Hauses ein Darlehen aufgenommen, das er wegen längerer Arbeitslosigkeit kaum bedienen konnte. Brigitte, die Tochter aus erster Ehe, war alleinerziehende Mutter von drei Kindern und schlug sich mehr schlecht als recht durch. Beide Kinder aus erster Ehe meinten, dass es Renates zweitem Ehemann und dem gemeinsamen Kind aus der zweiten Ehe wirtschaftlich so gut gehe, dass für den Fall des Todes der Mutter deren Vermögen größtenteils ihnen, den Kindern aus erster Ehe, zustehen müsse, insbesondere, weil die Mutter die beiden Häuser als Zugewinn aus der ersten Ehe mitgenommen habe.

Renates zweiter Ehemann, derzeit ebenfalls arbeitslos, hatte ebenfalls Zukunftsängste. Sollte Renate vorzeitig versterben, so benötige er für sich und das minderjährige gemeinsame Kind voraussichtlich Renates gesamtes Vermögen, um das Kind aufziehen zu können und selbst einigermaßen über die Runden zu kommen.

Tatsächlich hatten alle recht. Das hatte Renate in ihrer Gutmütigkeit nicht vorhergesehen. Die alte und die neue Familie stritten sich. Einig waren sie sich nur darüber, dass die gleichmäßige Aufteilung des mütterlichen Vermögens auf alle vier Personen ungerecht sei.

Nach monatelangen Diskussionen, Gesprächen und Telefonaten gab Renate entnervt auf: Sie teilte ihrem Ehemann und ihren Kindern mit, dass sie sich die Sache noch einmal ganz von Neuem überlegen werde und gleichzeitig, dass jeder, der das „Thema Erberei" auch nur noch einmal und auch nur andeutungsweise ansprechen sollte, auf der Stelle enterbt würde. Das saß. Fortan hatte Renate Biedermann ihre – von ihr selbst unterbrochene – Seelenruhe wiedererlangt.

Ein gutgemeinter, aber fehlgeschlagener Versuch unserer Freundin Renate. Was war schief gelaufen? Dass Renate es gerecht und allen recht machen wollte, findet unsere volle Zustimmung. Hatte Renate etwas verkehrt gemacht?

Renate hätte sich zunächst einmal in die Situation eines jeden der drei Kinder und ihres neuen Ehemannes hineinversetzen sollen. Dann wäre ihr auch ohne Diskussion mit der Familie das Licht aufgegangen, dass sowohl ihre beiden Kinder aus erster Ehe als auch ihr neuer Ehemann sich höchstwahrscheinlich als „besonders bedürftig" im Sinne von „bedürftiger als alle anderen" fühlten. Angesichts solcher naheliegender Begehrlichkeiten eine Diskussion über „gerechte Verteilung" loszutreten, hätte einer ausgeklügelten Vorbereitung bedurft. Gleichzeitig zeigt das Misslingen des Versuches, dass tatsächlich nicht nur eine Regelung, sondern auch – zum Wohle aller – eine entsprechende Kommunikation notwendig war. Renate hatte also durchaus den richtigen Riecher gehabt, als sie zwecks Wahrung des Familienfriedens das Gespräch suchte. Nur hätte sie dies eben wirklich professionell vorbereiten müssen (dafür gibt es Berater). Dann hätte das Gespräch anders ausgesehen:

Sie hätte ihren Kindern aus erster Ehe klargemacht, dass der kleine Bruder Benjamin aus zweiter Ehe das gleiche Recht auf eine umfassende Ausbildung hat wie die beiden älteren Kinder auch. Bis zum Abschluss dieser Ausbildung würde also der Jüngste – und mit ihm auch der Ehemann – deutlich besser davonkommen. Das wäre – so würde Renate mitteilen – aber keine emotionale Benachteiligung oder ein Liebesentzug gegenüber ihren beiden älteren Kindern, sondern lediglich eine Gleichstellung des Jüngsten bei der Ausbildung und damit den Ausgangschancen im Beruf. Was nach der Berufsausbildung des Jüngsten übrig bliebe, werde gerecht durch vier geteilt. Bevorzugungen eines Kindes gebe es nicht, auch nicht des Ehemannes. Diese Entscheidung verkünde sie (so ihre Worte) nach sorgfältiger Überlegung und auch nur deswegen, damit alle wissen, woran sie sind und niemand sich das Leben durch illusorische Ängste oder Spekulationen erschwere.

Beispielsweise solcherart könnte Kommunikation und Klarheit stattfinden und gleichzeitig klargemacht werden, dass die vielleicht etwas ungleiche Verteilung des Vermögens nichts daran ändert, dass die Mutter alle Beteiligten gleichmäßig liebt.

17 Das heilsame Machtwort

Warum ein Testament so geschrieben sein muss, dass es für alle Familienmitglieder nachvollziehbar ist

Diejenigen von Ihnen, verehrte Leser, die von solchen – wie wir hier gesehen haben – möglicherweise nicht ganz einfachen Diskussionen zu Lebzeiten zurückschrecken, müssen sehr kluge Testamente machen, aus denen die Erben alles, d.h. auch die Motive für Bevorzugungen etc., erkennen können. Sowohl unter Lebenden als auch im Testament kann durchaus auch das eine oder andere Machtwort gesprochen werden, wenn es dazu dient, den Familienfrieden zu erhalten.

Anekdote 17

Rudi Rastlos hatte eine kleine Gastwirtschaft geerbt, die er mithilfe seiner Frau Ruth und seinem Sohn Rüdiger betrieb. Rüdiger arbeitete seit seinem 9. Lebensjahr in der Gastwirtschaft mit, beendete die Schule mit 14 und war anschließend – so wie der Vater und die Mutter – Tag und Nacht in der Gastwirtschaft im Einsatz. Infolge von Strebsamkeit und glücklichen Umständen war 15 Jahre später die kleine Gastwirtschaft zu einem renommierten Landgasthof geworden.

Das war auch der Grund, warum Rudi Rastlos seinen nachgeborenen drei anderen Kindern eine Ausbildung am Gymnasium und an der Universität finanzieren konnte. Alle Drei wurden im Beruf erfolgreich.

Rudi Rastlos sah die Chancen der Drei, die Rüdiger nie gehabt hatte. Um ihm für sein aufopferndes Dienen einen gerechten Ausgleich zu bieten, gleichzeitig aber Rüdigers Geschwister erst gar nicht auf den Gedanken kommen zu lassen, Rüdiger etwas zu neiden, formulierte er sein Testament klugerweise wie folgt:

„Rüdiger, unser ältester Sohn und Geschäftsführer unseres Hotels, erhält das Hotel und außerdem noch 100.000 €, um das Hotel definitiv schuldenfrei stellen zu können. Die anderen drei Kinder teilen sich das Restvermögen zu gleichen Teilen. Diese Bevorzugung von Rüdiger resultiert aus seiner offensichtlichen früheren Benachteiligung: Während wir Rüdiger aus finanziellen Gründen keinerlei Ausbildung zukommen lassen konnten, er vielmehr seit seinem neunten Lebensjahr im Hotel mitarbeitet, konnten wir allen drei anderen Kindern sogar ein Hochschulstudium finanzieren, aufgrund dessen sie sich wirtschaftlich sehr gut entwickeln konnten."

Ein Machtwort, aber mit einer menschlich verständlichen Begründung kommuniziert, erhält den Familienfrieden. Es ist wie im Leben vor dem Tode: Auch harte Entscheidungen werden akzeptiert, wenn sie überzeugend kommuniziert werden. Leider ist dies im Leben wie in Testamenten viel zu selten der Fall.

Merke:

Kommunikation ist nicht das, was gemeint ist, sondern das, was ankommt.

Wenn Sie in Ihrem Testament begründen, rechtfertigen und erläutern: Versetzen Sie sich in die Rolle derjenigen, die im Testament objektiv schlechter wegkommen. Sie müssen das von Ihnen Geschriebene so verstehen können, dass es nicht zu Streitigkeiten kommt. Machen Sie Ihr Testament – vorzugsweise mithilfe Dritter – zu einem Erfolg: Wenn Sie es schaffen, alle notwendigen Regelungen allen Beteiligten so verständlich zu machen, dass sie von allen akzeptiert werden können, dann haben Sie nicht nur Ihr Testament gemeistert, sondern auch die Familie zusammengehalten.

Die Nibelungensage
– im Original und in neuer Variante –
ist nichts für schwache Nerven.

18 Die Nibelungensage

Geld und Macht als Symbole für Wertschätzung und Geliebtwerden

Anekdote 18

Tibor Trocken war Chefbuchhalter einer Reederei. Mit der Reederei ging es wirtschaftlich bergab. Tibor rettete die Rederei mit seinem privaten Vermögen, wurde dadurch Teilhaber und baute die Reederei erfolgreich aus. Auf dem Höhepunkt seiner Macht leitete Tibor von Hamburg eine der größten Reedereien der Welt. Doch Tibors Ehrgeiz wurde unendlich: Mithilfe einflussreicher Freunde gewann er die Aufmerksamkeit von Dolores, der Witwe des Präsidenten einer südamerikanischen Bananenrepublik. Er versprach ihr für den Fall der Ehe einen Ehe- und Erbvertrag, der – ohne außergewöhnliche Gegenleistungen ihrerseits – ihr und ihren Kindern zeitlebens Geld und Macht in Fülle zusichern würde. Die Antwort war reine Formsache.

In der Folgezeit konnte Dolores ihrem Ehemann Tibor nicht nur finanziell, sondern auch menschlich einiges abgewinnen. Aus der Ehe entstanden zwei gemeinsame Kinder, Igor und Chiquita. Tibor Trocken sah sein Lebenswerk auf die nächsten Generationen hinaus gesichert. Um ihre Kinder vor Heiratsschwindlern zu schützen, änderten Tibor und Dolores ihr Testament dahingehend, dass Igor und Chiquita für den Fall von Ehen und Nachkommen vor dem 25. Lebensjahr enterbt würden, andernfalls aber Universalerben werden sollten. Als Ersatzerben wurden die Kinder von Dolores aus erster Ehe, Juan und Caroline, eingesetzt. Letztere waren angesichts des neuen Testamentes wahnsinnig vor Wut. Mit diesem Testament, Akt der Liebe gegenüber ihrem Tibor und den Kindern aus zweiter Ehe, hatte ihre Mutter – so empfand Carloline dies – sie nicht nur enterbt, **sondern ihnen auch ihre mütterliche Liebe entzogen**. Ebenso blind vor Rachsucht sorgte Juan mithilfe eines südamerikanischen Geheimdienstes dafür, dass der Familienjet mit Dolores an Bord beim Start Feuer fing und explodierte. Zwei Jahre später starb Juan bei einem von Igor inszenierten „Jagdunfall" in den Anden.

Die Tochter aus erster Ehe, Caroline wurde nun noch blindwütiger. Sie bot einen der prächtigsten Reitlehrer Südamerikas auf, in den sich Chiquita unsterblich verliebte; mit 21 Jahren war Chiquita verheiratet und zweifache Mutter. Da Dolores verstorben war, konnte Tibor das Testament nicht mehr ändern. Es gab jetzt nur noch zwei Erbanwärter: Igor, den Sohn aus der zweiten Ehe und Caroline, die Tochter aus erster Ehe von Dolores. Zwischen beiden bestand von Anfang an eine Hassliebe. Um an sein Geld zu kommen, gab Caroline sich Igor hin und empfing die Tochter Finalia. Caroline sorgte dafür, dass Igor wenig später mit seinem Flugzeug abstürzte. Kurz darauf erstickte die einjährige Tochter Finalia an einem herumliegenden 10.000,- Dollar-Schein. Caroline bereute ihre Taten, stiftete das gesamte Vermögen der Stiftung „Familien-Therapien bei grenzüberschreitenden Sachverhalten" und ging ins Kloster. Vater Tibor wurde mit der ganzen Tragöde nicht fertig und nahm sich den Strick.

„Es muss nicht immer Totschlag sein". Bei bürgerlichen Vermögen und wegen der Strafbarkeit von Mord werden von uns bei gleichen negativen Gefühlen etwas kleinere Brötchen gebacken: Unausgesprochene Missgunst, Neid, Aufhetzung der eigenen Ehepartner und Kinder gegen die Geschwister, deren Partner und deren Kinder, Intrigen und Kampf um die Gunst der Eltern. Wer behauptet, er kenne so etwas nicht, sollte in seiner Umgebung noch einmal genauer nachschauen. Worum es in allen Fällen im Endeffekt geht, zeigt anschaulich die Nibelungensage.

Von ihr gibt es verschiedene Varianten, doch in jeder geht es um die gleichen Themen wie auch bei Tibor Trocken: Missgunst, Neid, Aufhetzung der eigenen Ehepartner, Intrigen und Kampf und zum Schluss um jede Menge Tote. Lassen wir die Nibelungensage einmal kurz Revue passieren, wobei wir zwecks Vereinfachung die verschiedenen Varianten kombinieren.

Vordergründig dreht sich die Geschichte um einen riesigen Goldschatz. Der Zwerg Alberich bemächtigt sich des Schatzes und ist fortan sein Herrscher. Alberich schmiedet aus Teilen des Goldschatzes einen Ring – den „Ring des Nibelungen", der unendliche Macht verleiht, und eine Tarnkappe, mit deren Hilfe derjenige, der sie besitzt, durch Täuschung alles erreichen kann. Beides wird zum Objekt der Begierde.

Siegfried überwältigt den Zwerg Alberich und erschlägt den Drachen, der das Gold bewacht. Er bemächtigt sich des Schatzes und ist fortan dessen Herrscher.

Siegfried will Kriemhild zur Frau, die Schwester von König Gunther. Gunther verspricht Siegfried Kriemhild zur Frau, wenn Siegfried ihm seinerseits hilft, die nordische Königin Brunhilde zur Frau zu bekommen. Brunhilde will aber nur Denjenigen, der sie im Dreikampf besiegt. Dabei hilft Siegfried Gunther, indem er seine Tarnkappe zur Täuschung von Brunhilde benutzt und Brunhilde besiegt. Das Geschäft funktioniert. Gunther bekommt Brunhilde und Siegfried seine Kriemhild.

Als Brunhilde der Sache auf die Schliche kommt, ist sie zutiefst in ihrer Ehre gekränkt. Sie lässt Siegfried von Hagen, dem Gefolgsmann Gunthers, ermorden.

Rachepläne schmiedend heiratet Siegfrieds Witwe Kriemhild den Hunnenkönig Etzel. Dann lädt sie ihren Bruder Gunther mit Hagen zu einem großen Fest an Etzels Hof ein. Bei dieser Gelegenheit will Kriemhild den Hagen töten. Von Kriemhild bewusst provoziert, tötet Hagen Etzels und Kriemhilds Sohn und wird am Ende, nachdem er die

Antwort auf Kriemhilds Frage nach dem Ort des Goldschatzes verweigert, von Kriemhild persönlich enthauptet.

Der Rest der Geschichte ist ebenso spannend, wir müssen uns aber an dieser Stelle beschränken. Zusammenfassend geht es in der Nibelungensage immer ums Gold (= Geld): Wer den Goldschatz hat, der hat auch den Ring des Nibelungen, der unendliche Macht verleiht. Außerdem kann man mit dem Gold (Tarnkappe) täuschen. König Gunther braucht die Tarnkappe (= Gold). Hagen will auch das Gold, um den Reichtum seines Königs Gunther und damit auch seine eigene Macht zu vergrößern. Auch Kriemhild sucht – vordergründig – den Goldschatz: Als sie Hagen endlich gefangen genommen hat, fragt sie ihn, wo der Schatz sei. Jeder der Beteiligten hat also ein Interesse am Goldschatz mit seinem Ring und seiner Tarnkappe.

Letztendlich geht es aber auch bei der Nibelungensage nicht ums Gold/Geld, sondern um die Darstellung sämtlicher menschlicher Schwächen, Stärken und Emotionen. Dabei steht Gold/Geld symbolhaft für zwei viel wichtigere Dinge: Liebe und Macht.

Mithilfe des Goldes (Tarnkappe) wird die Liebe der Brunhilde gekauft. Als sich Brunhilde in ihrer Liebe und Ehre getäuscht sieht, lässt sie Siegfried von Hagen ermorden. Bei dem Mord an Siegfried geht es nicht nur um den Tod von Siegfried, sondern auch um die Macht, die Hagen dadurch erlangt, dass er jetzt Zugriff auf den Goldschatz hat. Dieser Machtgedanke ist es auch, der den König Gunther dazu bringt, dem Mord an Siegfried zuzustimmen.

Die Nibelungensage zeigt also auf eindrucksvollste Weise: Wenn es auch vordergründig um Gold/Geld geht, so geht es in Wirklichkeit **niemals** um Gold/Geld, sondern **immer** geht es um andere Dinge: Um Macht (meistens aufseiten der Männer), um Liebe (meistens aufseiten der Frauen), um Verletzungen/Kränkungen, Eifersucht und um Rache:

Da weder in der Nibelungensage noch in der Familiengeschichte von Tibor Trocken ein Beteiligter verzeihen kann (**wir** sollten das zwar in der Kirche gelernt haben, kriegen es aber auch nur selten hin), werden in beiden Geschichten jetzt die Karten neu gemischt: In der Familiengeschichte von Tibor Trocken verbindet sich Caroline mit Igor, in der Nibelungensage heiratet Siegfrieds Witwe Kriemhild den König Etzel – beide Frauen tun das, um sich zu rächen: Caroline lässt Igor töten, Kriemhild tötet Hagen eigenhändig. Auf das Thema der Rache kommen wir in unserer folgenden Anekdote noch einmal ausführlich zu sprechen.

Merke:
Weder damals noch heute geht es ums Geld. Das Materielle ist nur vorgeschoben. In Wahrheit geht es immer um – positive und negative – Gefühle, um Ehre, Macht, Liebe, Verletzung/Kränkung und um Rache.

Erläuterungen zur Bindungswirkung von letztwilligen Verfügungen

Ausgangspunkt der Tragödie um Tibor Trocken war die Tatsache, dass dieser – nach dem Tod seiner Ehefrau – das gemeinsame Testament nicht mehr ändern und daher auf die eingetretenen Umstände nicht mehr reagieren konnte.

Grundsätzlich ist niemand an ein von ihm errichtetes Testament gebunden. Vielmehr kann ein Testament jederzeit widerrufen werden, z.B. durch Vernichtung oder auch indem schlicht und einfach ein neues Testament erstellt wird. Wurde ein Testament in amtliche Verwahrung gegeben, so gilt die Rücknahme des Testaments aus der amtlichen Verwahrung als Widerruf.

Etwas anderes gilt allerdings bei sogenannten „gemeinschaftlichen Ehegattentestamenten". Für Ehegatten besteht die Möglichkeit, ihre jeweiligen Verfügungen von Todes wegen dadurch aufeinander abzustimmen, dass ein gemeinschaftliches Ehegattentestament errichtet wird. Dieses ist einigen Besonderheiten unterworfen. Solange beide Ehegatten leben, kann weiterhin jeder Ehegatte auch seine Verfügungen, die er im Rahmen eines solchen Testaments gemacht hat, frei widerrufen. Hierzu muss bei einem Notar eine Widerrufserklärung beurkundet werden. Ab dem Zeitpunkt des Todes des zuerst versterbenden Ehegatten kann jedoch der Längerlebende bestimmte Verfügungen des gemeinschaftlichen Testaments nicht mehr widerrufen oder abändern. Betroffen von dieser **Bindungswirkung** sind die sogenannten „wechselbezüglichen Verfügungen" des Testaments.

Hierunter versteht man die gegenseitigen Verfügungen der Ehegatten, die voneinander abhängen, d.h. von denen anzunehmen ist, dass die Verfügung des einen nicht ohne die Verfügung des anderen getroffen worden wäre. Dies ist z.B. meist dann der Fall, wenn sich die Ehegatten gegenseitig bedenken oder wenn dem einen Ehegatten von dem anderen eine Zuwendung gemacht wird und für den Fall des Überlebens des Bedachten eine Verfügung zugunsten einer Person getroffen wird, die mit dem anderen Ehegatten verwandt ist oder ihm sonst nahesteht.

Es ist allerdings möglich, durch eine „Änderungsklausel“ (auch „Öffnungsklausel“ genannt) festzulegen, dass der Längerlebende in bestimmtem Umfang auch nach dem Tod des Erstversterbenden nicht fest gebunden ist. So kann z.B. vorgesehen werden, dass der Längerlebende allgemein oder für bestimmte Situationen die vorgesehene Erbfolge nach seinem eigenen Tod noch abändern kann.

Zu beachten ist, dass nur Ehegatten gemeinschaftliche Testamente mit derartigen Wirkungen erstellen können (nicht nicht eheliche Lebenspartner oder Verlobte). Andere Personen können eine Bindungswirkung ihrer Verfügung von Todes wegen nur über die Errichtung eines notariellen Erbvertrags erreichen.

Wie derjenige, der sich rächen will, sich dadurch wirtschaftlich sein eigenes Grab schaufelt

Anekdote 19

Lorena Weißhaar besaß insgesamt fünf Immobilien, durch deren Vermietung sie ihren Lebensunterhalt bestritt. Eines Tages ging sie zum Anwalt, damit dieser die Schenkung sämtlicher Immobilien an ihre Tochter vorbereite. Auf die Frage, warum sie dies tun wolle, erwiderte sie, dass sie damit ihren Sohn, den sie nicht mochte, treffen wolle. Denn wenn ihre Tochter ihr ganzes Vermögen bekäme, dann bliebe nichts zum Vererben und damit ginge ihr Sohn nach ihrem Tod völlig leer aus.

Der Anwalt klärte sie dahingehend auf, dass sie diesen Effekt nur dann erzielen könne, wenn sie nicht nur alles Vermögen an ihre Tochter verschenke, sondern auch darauf verzichte, sich irgendwelche Rechte an den Immobilien, wie z.B. die Mieteinnahmen, vorzubehalten.

Daraufhin antwortete sie, dass ihr ihre Tochter sicherlich freiwillig das Geld geben würde, das sie zum Leben benötige und wenn die Tochter dies nicht mache, dann sei ihr dies eben auch egal.

Jetzt wurde die Sache interessant, denn offensichtlich war Lorena Weißhaar, die keine 65 Jahre alt war, bereit, sich für den Rest ihres Lebens vollständig von ihrer Tochter abhängig zu machen, nur damit ihr Sohn nach ihrem Tod nichts von ihr erhalten könne.

Als der Anwalt nachfragte, warum sie ihren Sohn so hasse, erzählte sie folgendes: Er, der Sohn, sei ein Nichtsnutz, der noch nie etwas gearbeitet habe, wohingegen die Tochter sehr hart ihr Geld verdiene. Auf die weitere Frage, wovon der Sohn denn dann lebe, wenn er nicht arbeite, sagte sie, der Sohn lebe beim Vater, die beiden wären ein Herz und eine Seele und der Sohn bekäme vom Vater alles, was er wolle.

Als der Anwalt einwandte, dass dies nicht unbedingt ein zwingender Grund dafür sei, sich selbst sämtlicher materieller Lebensgrundlagen zu begeben, fing Lorena Weißhaar an zu reden, und es stellte sich folgendes heraus:

Ihr früherer Ehemann und Vater ihrer beiden Kinder hatte sie mit ihrer besten Freundin betrogen und mit ihr weitere Kinder bekommen. Im Scheidungsverfahren hatte sich der Sohn – und das war der Stein des Anstoßes – ohne Zögern dafür entschieden, mit dem Vater zu leben. Dies hatte Lorena Weißhaar als zweifachen Betrug empfunden: Nicht nur, dass ihr Mann sich von ihr abgewendet, sondern, dass auch „ihr zweiter Mann", nämlich ihr Sohn, sie (zusammen mit dem Ehemann) verlassen hatte. Der Hass auf (vordergründig) den Sohn und (hintergründig) auf dessen Vater war so groß, dass sie lieber riskierte, später einmal unter der Brücke zu schlafen, als ihrem Sohn auch nur einen einzigen Cent zu hinterlassen. Sie war tatsächlich **zu jedem Opfer bereit**, sogar dem Opfer ihrer eigenen bürgerlichen Existenz, um den Sohn und den Vater „tödlich zu treffen". Dass sie dies voraussichtlich wegen der Gleichgültigkeit der beiden Männer ihr gegenüber gar nicht erreicht hätte, steht auf einem anderen Blatt.

Wir sehen an dieser Geschichte, dass selbst dort, wo der bürgerliche Mensch angesichts der dann drohenden Einbußen an Komfort und Bewegungsfreiheit vor Mord und Totschlag zurückschreckt, nichtsdestoweniger abgrundtiefer Hass bestehen kann, dessen Intensität dem in den großen Sagen und Tragödien nicht nachsteht. Der einzige Unterschied besteht darin, dass sich die Sagengestalten (nicht zuletzt, weil sie teilweise selbst Götter waren wie Zeus oder Wotan) nicht lange bei der **Theorie** der Rache aufhielten, sondern zur **Tat** schritten und sich kurzerhand gegenseitig umbrachten. Im übertragenen Sinne tut dies allerdings auch unsere Dame: Sie will ihren Sohn und ihren Ex-Ehemann „tödlich treffen". Und sie ist bereit, hierfür zwar nicht ihr Leben, aber ihre gesamte (bürgerliche) Existenz zu riskieren.

Auch hier haben wir die beste Vorlage durch die Nibelungen-Sage: Als Kriemhild den König Etzel heiratet, tut sie dies nicht aus Liebe, sondern allein aus einem Hass- und Rachegedanken heraus: Wenn sie erst einmal Königin ist, wird sie den Mörder ihres Mannes Siegfried, nämlich Hagen, und dessen König Gunter einladen und bei dieser Einladung beide umbringen. Als sich ihr Mann Etzel weigert, seine Gäste umbringen zu lassen, provoziert Kriemhild den Hagen so sehr, dass dieser – wie von Kriemhild vorgesehen – den gemeinsamen Sohn von Kriemhild und Etzel umbringt. Jetzt hat Kriemhild ihren Etzel so weit: Er gibt den Befehl, Gunter und sämtliche Gefolgsleute umzubringen. Kriemhild kennt die Stärke Hagens, Gunters und dessen Gefolgsleute. Sie weiß, dass niemand, d.h. weder Freund noch Feind, das von ihre geplante Gemetzel überleben wird. Das ist ihr aber die Sache wert. Das einzige, was zählt, ist der Hass und die Rache. Am Ende bleibt tatsächlich kein einziger übrig, noch nicht einmal Kriemhild. Der Hass und der Rachegedanke findet auch dort keine Grenze, wo es um das Opfer der eigenen Existenz geht. Im christlichen Religionsunterricht wurde uns das anders beigebracht. Vergeblich, wie uns zumindest die Geschichte von Lorena Weißhaar zeigt. Christus kam bis Eboli, aber nicht bis zur Familie.

Erläuterungen zur lebzeitigen Übertragung von Immobilien und anderen Vermögensgegenständen

Es gibt verschiedene Gründe, warum Immobilien oder andere Vermögensgegenstände schon zu Lebzeiten an die nächste Generation weitergegeben werden. Neben steuerlichen Aspekten (z.B. der Wunsch nach Ausnutzung steuerlicher Freibeträge alle 10 Jahre), spielt meist der emotionale Wunsch, einem bestimmten Kind „schon jetzt" etwas zukommen zu lassen, sei es als Entlohnung für übernommene Pflegeleistungen oder auch, weil Sicherheitsmittel im Zusammenhang mit Darlehen („Hausbau", „Wohnungskauf") benötigt werden, die größte Rolle.

Grundsätzlich bedeutet die Übertragung eines größeren Vermögenswertes zu Lebzeiten an einen von mehreren potenziellen Erben, dass sich die im Todesfall des Schenkers zu verteilende Erbmasse erheblich verringert.

Es gilt, das eherne Gesetz zu beachten: Verschenke nie etwas, was Du eventuell noch einmal selbst benötigten könntest. Und: Sicherheit geht vor Steuersparen!

Um zu verhindern, dass durch Verschenken des größten Teils des Vermögens noch kurz vor dem Tod die Pflichtteilsansprüche derer, die „leer ausgehen" ausgehöhlt werden, ist gesetzlich vorgesehen, dass Pflichtteilsberechtigte als Ergänzung des Pflichtteils den Betrag verlangen können, um den sich der Pflichtteil erhöht, wenn der verschenkte Gegenstand dem Nachlass hinzugerechnet wird. Dabei ist vorgesehen, dass die Schenkung innerhalb des ersten Jahres vor dem Erbfall in vollem Umfang und innerhalb jedes weiteren Jahres der folgenden 9 Jahre vor dem Erbfall jeweils um $^1/_{10}$ weniger berücksichtigt wird. Erst wenn zehn Jahre seit der Leistung des verschenkten Gegenstandes verstrichen sind, bleibt die Schenkung vollständig unberücksichtigt.

Bedingung dafür, dass diese 10-Jahres-Frist anfängt zu laufen, ist allerdings, dass nicht nur „auf dem Papier" eine Schenkung stattfindet, sondern, dass der verschenkte Vermögensgegenstand vollständig aus dem Vermögen des Schenkers herausgenommen wird. Dies ist dann **nicht** der Fall, wenn sich der Schenker einen (lebenslangen) Nießbrauch an der verschenkten Sache (also z.B. die Mieteinnahmen bei einer vermieteten Immobilie) vorbehält oder sich an seinem Einfamilienhaus ein lebenslanges Wohnrecht einräumen lässt.

In diesen Fällen wird der verschenkte Gegenstand wirtschaftlich weiter dem Vermögen des Schenkers zugeordnet – obwohl dieser nicht mehr Eigentümer ist –, da er weiterhin die wesentlichen Nutzungen ziehen kann.

Auch bei Schenkungen unter Ehegatten ist Vorsicht geboten. Denn in diesem Fall läuft die 10-Jahres-Frist erst ab Auflösung der Ehe, also ab Scheidung oder Tod des verschenkenden Ehegatten.

Dem Vorteil einer lebzeitigen Schenkung, der nachfolgenden Generation schon zu Lebzeiten Sicherheit bieten und Vermögenswerte einräumen zu können, steht also immer auch die Gefahr einer späteren Ausgleichspflicht durch den/die Erben gegenüber dem/den Pflichtteilsberechtigten, falls der verschenkte Gegenstand im Wesentlichen weiter vom Schenker genutzt werden soll.

Erpressungsversuch eines familienfeindlich eingestellten Vaters gegenüber seinen beiden heiratsfähigen Söhnen: „Wer von Euch Beiden eine Vollwaise heiratet, wird Alleinerbe".

20 Bestechung und Käuflichkeit

Wenn die jüngere Generation durch Versprechungen, Macht und Geld manipuliert wird – heiligt der Zweck die Mittel?

Anekdote 20

Franz Schlicht hatte ein ebenso sonniges wie einfältiges Gemüt. Als Kind und Heranwachsender war er gut zu haben, raufte und kokste nicht, ließ den Mädchen – ob sie wollten oder nicht – ihre Jungfernschaft und machte auch sonst seinen Eltern nichts als Freude.

Bis er zu seinem 18. Geburtstag eine Gitarre geschenkt bekam. Fortan war Franz weder wiederzuerkennen noch zu gebrauchen. Er spielte auf der Gitarre bis zum Umfallen, er nahm sie mit ins Bett, er lernte Lied um Lied und hatte ein Jahr später eine kleine Rockband zusammengetrommelt. Dank einer sehr großzügigen Spende der Eltern Schlicht an seine Schule schaffte Franz mit Hängen und Würgen das Abitur, um sich dann geistig endgültig in das Reich des Rock 'n' Roll zurückzuziehen. Die Familie war entsetzt. Franz sollte doch Pharmazie studieren und später einmal die kleine Fabrik übernehmen, die der Großvater gegründet hatte und die der Vater weiterführte. Die Großmutter, die noch das Heft in der Hand hatte, griff nach der Methode „Zuckerbrot und Peitsche": Zunächst einmal wurden sämtliche Zahlungen an Franz gestoppt. Franz musste wieder nach Hause zurück und bei seinen Eltern einziehen. Auf diese Weise bösartig an den elterlichen Kühlschrank gefesselt, bot unser Franz eine offene Flanke für den Besuch der alten Dame, der Großmutter. Die Großmutter hatte sich auf dieses Gespräch von einem Psychologen vorbereiten, d.h. coachen lassen, anschließend drei Tage lang Kreide gefressen und verpasste nunmehr Franzens schlichtem Gemüt den Todesstoß. Er, Franz, sei die ganze Hoffnung der Familie und der Sonnenschein ihrer alten Tage. Er genieße die tiefe Liebe, Anerkennung und Zuneigung der ganzen Familie und die Familie würde alles, ja tatsächlich alles, für ihn tun.

Franz bekam langsam ein angenehmes Gefühl in der Magengegend. So viele schöne Worte hatte ihm bisher noch niemand gegeben. All die Worte der Großmutter erzeugte in ihm das Empfinden einer Wertschätzung, wie er sie bisher noch nie genossen hatte. Die Großmutter sah in Franzens Blick, dass die Harpune saß. Jetzt galt es, den Fang einzuziehen: Sie wusste, dass Franz die große Dachterrassen-Wohnung der Großmutter liebte, dort hatte er einen Teil seiner Kindheit verbracht und immer noch sein eigenes Zimmer. Sie warf noch drei Stück Kreide ein, trank einen Schluck Tee hinterher und fuhr fort: „Du weißt, wie sehr wir dich alle lieb haben, und wie sehr wir alle daran glauben, dass du ein besonders guter Chef für unsere Firma werden würdest. Auch dein Großvater hat dich immer besonders geliebt, und da wir wissen, dass du uns genauso liebst, wie wir dich, sind wir sicher, dass das Studium der Pharmazie das Richtige ist und du dich und uns damit alle glücklich machen wirst. Und zum Examen verspreche ich dir die große Dachterrassen-Wohnung, in der du schon als Kind immer besonders glücklich warst ....“.

Bei Franz wurde die Stromversorgung zum Gehirn eingestellt und die letzten Lichter gingen aus. Die Großmutter stand auf, fasste Franz an den Schultern, Franz lächelte dämlich und fiel der Großmutter und seinen Eltern um den Hals.

Die lügenvolle Familiengeschichte vom allzu frühzeitig kastrierten Franz führt uns in das Land der bürgerlichen Prostitution, des Liebeskaufes, der

Erpressung und sonstiger Straftatbestände, die in solchen Fällen schon längst, wenn auch straflos – erfüllt sind. Geld ist ebenso wie Macht und scharfe Messer weder positiv noch negativ, es kommt darauf an, wie es benutzt wird. Bei Erbschaften und Vermögensübertragungen zu Lebzeiten ist Geld ebenso wie Macht perfiderweise häufig ein für viele schwer durchschaubarer Platzhalter für Liebe, Geborgenheit, Anerkennung und Zuneigung. Auch von Franz wurde das Plädoyer der Großmutter als Ausdruck der Wertschätzung empfunden. Da „Empfinden" ein nebulöses Wort für ein ebenso schwer definierbares Gefühl ist, wird Geld in Fällen wie diesem eine gefährliche Waffe. Bei einer solchen Verquickung von Liebesbeteuerungen und -beweisen mit den Steuerungsmechanismen eines knallharten Vertrages wären die meisten von uns emotional völlig überfordert. Franz spürte nur, dass er doch zumindest ein wenig von der Liebe, die er von seiner Großmutter soeben empfangen bzw. zumindest in Aussicht gestellt bekommen hatte, zurückgeben müsse und begann das Studium, das ihm persönlich überhaupt nicht zusagte, ja mit dem er seine eigene Lebensader (Musik) verriet.

„Wenn du die Firma weiterführst, wirst du Alleinerbe." Oder – noch schlimmer: „Wer von euch Kindern einmal den Hauptteil des Vermögens erben wird, das sagen wir euch nicht, denn wir wissen ja noch nicht, wie sich ein jeder von euch entwickeln wird." Bei Maßstäben dieser Art besteht die größte Wahrscheinlichkeit, dass sich die Kinder anders verhalten als wenn sie sich nach sich selbst und nicht nach dem Geld der Familie ausrichten würden.

Allen Beispielsfällen gemeinsam ist, dass hier Wertschätzung durch Geld ersetzt oder aber zumindest mit Geld vermischt wird. So kann der Kompromittierte aber kein echtes „was bin ich wert" entwickeln, weil ihm die eigene Wertschätzung als von der materiellen Zuwendung seiner Umgebung abhängig dargestellt und suggeriert wird.

„Was bin ich wert?" ist eine Frage, die ohnehin eine der am schwierigsten zu beantwortenden Fragen überhaupt ist. Wer von uns weiß das schon genau? Vermutlich keiner. Den Wert eines Menschen in Geld zu schätzen, ist sowieso nicht möglich, wenn auch – zugegebenermaßen – wir tagtäglich Menschen nach ihrem Besitz einschätzen. Das ist im geschäftlichen Bereich sinnvoll („Kann er die Ware, die ich ihm anbiete, bezahlen?"), im persönlichen Bereich („Ist der mir sympathisch? Will ich mit ihm zu tun haben?") natürlich Unsinn, wenn auch ein häufig praktizierter. Bei Schenkungen und Erbschaften, die ja in aller Regel zwischen Menschen ablaufen, die sich in der einen oder anderen Weise nahestehen (auch Familienmitglieder, die sich nicht mögen, stehen sich infolge der familiären Beziehungen nahe), ist die Vermischung zwischen materiellem und emotionalem Austausch fast unvermeidlich und damit auch die Gefahr der entsprechenden Manipulation.

Also im Ergebnis Freispruch für die Großmutter? Eine schwer zu beantwortende Frage. Einerseits wollte sie im Sinne der Familientradition für unseren Franz nur das Beste. Für sie war Franzens Rock 'n' Roll-Leidenschaft eben nur eine Episode, die sie nicht ernst nahm. Andererseits nahm sie damit auch unseren Franz nicht ernst. Dessen Leben war die Musik, dort war er glücklich, mit Bestechung brachte seine Oma ihn von seinem Weg ab. Sie hinterließ einen unglücklichen Enkelsohn. Keine erfolgreiche Endleistung der Großmutter. Mit dem Angebot einer unwiderstehlich hohen Bestechungssumme hat sie ihren Enkel käuflich gemacht. Da hätte es bessere Wege gegeben.

Die Großmutter hätte nicht nur sich selbst, sondern sich und ihren Enkelsohn coachen lassen sollen. Wie wir bereits in Kapitel 10 bei Heiner Bacchus gesehen haben, gibt es die Möglichkeit, sich gemeinsam offen über die verschiedenen alternativen Lebenswege der jungen Generation klarzuwerden und eine nicht manipulierte Entscheidung zu treffen. Zur Vermeidung von Wiederholungen verweisen wir auf das Kapitel zehn („Preis, Opfer und Verzicht") und die Seiten 46–49, auf denen die verschiedenen, in solchen Fällen durchzugehenden Arbeitsschritte geschildert sind. Daraus ergibt sich: Es geht auch anders, ehrlicher und mit besserem Ergebnis. Wie auch vorne bei Heiner Bacchus und seinem Onkel Harro Grün ist allerdings Voraussetzung, dass die alte Generation darauf verzichtet, ihren Willen unbedingt durchsetzen zu wollen. Dann kann Manipulation durch freie Entscheidungsprozesse ersetzt werden.

Wie das Versprechen, sie als Erben einzusetzen, Menschen abhängig macht

Anekdote 21

Diana von Drall, in ihrer Jugend eine gefeierte Schönheit, kam mit dem Älterwerden nicht zurecht. Ihre viel gepriesene Schönheit und ihr ererbtes Vermögen hatten ihr zu so vielen leichten Erfolgen verholfen, dass sie an der Oberfläche der Dinge und Menschen hängen geblieben war. Inzwischen 79 Jahre alt, konnte sie sich einfach (immer noch nicht) vorstellen, dass jetzt, wo sie alt, runzelig und weniger vermögend war, andere Menschen sie genauso gern haben könnten wie zu ihren Glanzzeiten. Gleichzeitig war sie derart auf die Zuneigung anderer angewiesen, dass sie schon seit vielen Jahren jegliche nur denkbaren Kniffe benutzte, um hofiert zu werden (hofiert werden setzte sie seit jeher mit dem Ausdruck von Zuneigung gleich).

Kinderlos wie sie war, galt Diana von Drall in der Familie wie bei Freunden allgemein als die „beste (Erb-)Tante der Welt". Sich dessen bewusst, verschwieg Diana feinsäuberlich, dass sie eine großen Teil ihres Vermögens beim Börsencrash im Jahr 2001 und – was in etwa aufs Gleiche hinauslief – am Spieltisch in Bad Wiessee verloren hatte. Vielmehr pflegte sie den ihr anhaftenden Nimbus der reichen Tante und Freundin und genoss die daraus resultierenden (wie sie es nannte) Liebesbeweise ihrer Umgebung.

Ihr wertvolles Meißener Porzellan hatte sie bereits fünf Mal „nur für Dich und ganz im Geheimen zwischen uns Beiden" jeweils exclusiv an fünf ihrer Nichten versprochen. Dass dies nach ihrem Tod ihr von den derart Betrogenen übelgenommen würde, war ihr – ihrem handfesten Charakter entsprechend – ziemlich gleichgültig. Sämtliches Silber war „alles nur für Dich und alles nur unter uns Beiden" jeweils exklusiv an sieben Neffen versprochen worden. Sieben weitere Verwandte und fünf Schulfreundinnen mit ihren Kindern warteten darauf, eines Tages „ganz exklusiv Alleinerben" zu werden.

Auf diese Weise war Diana von Drall nicht nur auf jeder Kindstaufe ein gern gesehener Gast, sondern in den Oster-, Sommer- und Weihnachtsferien immer mit von der Urlaubspartie, ja man schlug sich fast darum, sie mit sich nehmen zu dürfen, denn das sicherte ja schließlich die Erbschaft und das zukünftige Auskommen.

Wenn Diana einmal nicht genügend Beachtung fand, brauchte sie nur die Augenbrauen hochzuziehen und die Worte „ich muss mir das alles noch einmal durch den Kopf gehen lassen" zu murmeln, um allgemeine Aufmerksamkeit, Demut und vorweggenommenen Gehorsam zu erzeugen. Nicht dass die Familie und Freunde dieses Spiel besonders geliebt hätten – sie waren sich der Niedrigkeit des Treibens durchaus bewusst –, „aber schließlich gibt es Schlimmeres" und irgendwann würde sich ja alles auch einmal gelohnt haben.

Als sich nach dem Tod von Diana herausstellte, dass weder ein Testament noch viel Vermögen da und das wenige Vermögen mehrfach exklusiv versprochen war, wurde das ganze Ausmaß des „Betruges von Todes wegen" deutlich. Ein Teil der Betrogenen verfluchte die Verstorbene, ein anderer Teil schämte sich lebenslang für die eigene Rolle bei diesem peinlichen Spiel. Was ein dritter Teil der Betrogenen machte, dazu gleich mehr.

Betrügen heißt: einen Anderen durch Täuschung dazu bringen, etwas herzugeben, was er ohne die Täuschung nicht hergeben würde. Und da sehen wir sie auch schon auf der Bühne des prallen Lebens, unsere Diana von Drall – im vollen Bewusstsein Ihres auch im 80. Lebensjahr noch unwiderstehlichen Charmes. Der Satz, „die Welt will betrogen sein" aus einer ihrer Lieblingsoperetten ist ihr ausreichende Rechtfertigung, dies erhärtet durch die Erfahrung, dass sich ihre Umgebung tatsächlich nur zu gerne betrügen lässt. Wer hätte nicht gerne eine reiche Erbtante? So spielt sie mit den

Gefühlen derjenigen, die sie zwar betrügt, die aber ihrerseits Gefühle mit Berechnung vermischen – ein ziemlich undurchsichtiger Cocktail, der, wie wir sehen, am Ende bei den Betrogenen für einen ziemlichen Kater sorgt.

Die eine oder andere Urlaubsreise mit der Tante hätten sich ihre Verwandten und Freunde auch lieber gespart und wären lieber einmal alleine und unter sich gewesen. Natürlich mochte man sie gerne, aber man hätte sich doch vielleicht etwas weniger angestrengt, wenn man gewusst hätte, dass sie nur eine Hochstaplerin war. Und eine ihrer Nichten hatte tatsächlich Kredite aufgenommen, um die „reiche Erbtante" zu standesgemäßen Urlauben einladen zu können, „damit es unsere Kinder einmal besser haben als wir". So war viel an Diana von Drall geflossen, viel an Gefühlen, viel an Geld, viel an Wertschätzung in der Hoffnung auf das verheißene Land.

Der ihr dienstbare Familienkreis war ihr aufgesessen wie Spekulanten den Versprechungen eines Börsenstars, dem sie ihr Hab und Gut anvertrauen in der Hoffnung, dass er seine Versprechen hält. Selbst Ernst Eifrig, Pastor aus Kiel, der zeit seines Lebens in seinen Sonntagspredigten die Spekulanten als „Totengräber des Abendlandes" bezeichnet hatte, musste nach Dianas Tod zugeben, dass er sich bei Diana verspekuliert hatte.

Diana spielte mit den Gefühlen ihrer Verwandten **und** deren finanziellen Interessen. Das Ansetzen dieser Bowle war bösartig und unfair, weil auf genau diese Mischung die meisten Menschen hereinfallen, wie wir schon im vorhergehenden Kapitel 20 („Bestechung und Käuflichkeit") ausführlich beschrieben haben.

So kam es im Ergebnis im Anschluss an Dianas Beerdigung (die übrigens recht protzig ausfiel, um Außenstehende nicht zu enttäuschen) zur Dreiteilung ihrer bisherigen Hoffnungsklientel: Die Einen verfluchten sie, die Zweiten schämten sich. Und die Dritten?

Die dritte Gruppe der Geprellten könnte man als „Dianas Meisterschüler" bezeichnen. Sie hatten die eigene Tragikkomödie so gut verstanden, dass sie über sich selbst lachen konnten und lachend verdaut man bekanntlich am besten. Die Angehörigen dieser dritten Gruppe feierten ein rauschendes Fest auf Diana und sich selbst: Am Nachmittag gab es eine improvisierte Komödie „Die Welt will betrogen sein", in dem die bemerkenswertesten Geschichten aus Dianas Leben nachgespielt wurden (Großer Applaus). Zum Aperitif hielt Pastor Ernst Eifrig (aufgrund der Ereignisse um Diana zum Philosophen gereift) eine launige Rede zum Thema „Wie Diana den Teufel um seine Unschuld brachte" (donnernder Applaus). Und nach dem Hauptgang (Falscher Hase an Fenchel) hielt einer der geprellten Neffen eine Dankesrede unter der Überschrift „Wie mich Tante Diana davor bewahrte, wegen überhöhter Geschwindigkeit in einem Lamborghini zu sterben" (frenetischer Jubel!), bevor er mit dem Fahrrad nach Hause fuhr. Die Anderen blieben noch länger, lachten sich über sich selbst halbtot und bescheinigten in unzähligen Trinksprüchen ihrer Tante, dass sie durch sie mehr gelernt hätten als in ihrer gesamten Schulzeit, den Ethikunterricht inklusive.

22 Erbverträge sind auch nur Papier

Erbverträge als probates Mittel, andere um das versprochene Erbe zu bringen
Mangelnde Kommunikation in der Familie kann zur Zerstörung der Familie führen

Anekdote 22

Nach dem Tod seiner Eltern war Leo Lustig finanziell schlecht davongekommen. Seine Eltern hatten ein wirres Testament hinterlassen und beim anschließenden Erbenstreit hatten ihn seine Geschwister massiv übervorteilt. Das hatte die vormals guten Familienbande zerstört. So etwas sollte sich in seiner Familie nicht mehr wiederholen, hatte sich Leo Lustig geschworen und zu diesem Zweck mit seinen drei Kindern einen bindenden Erbvertrag geschlossen, in dem er seinen Kindern präzise versprach, dass sein Vermögen bei seinem Tod gerecht und gleichmäßig zu je $\frac{1}{3}$ an Anton, Bernd und Cäcilie gehen sollte.

So weit so gut. Das Schlechte an Leo Lustigs Geschichte begann unauffällig, als seine beiden Söhne, die Maschinenbau studiert hatten, lukrative Posten in Übersee angeboten bekamen und beide auf Dauer in die USA gingen.

Leo Lustig war Witwer und schon seit Langem davon abhängig, dass ihn seine Tochter Cäcilie umsorgte und liebevoll bemutterte.

Leo Lustigs Vermögen bestand zum einen aus einem großen 3-Familienhaus, in dem er eine Wohnung selbst bewohnte und, die beiden anderen vermietet hatte. Außerdem besaß er ein Wertpapierdepot und Bargeld im Werte von 700.000 €. Schließlich hatte er auch noch einen Lebensversicherungsvertrag abgeschlossen, in dem bestimmt war, dass die Gesamtsumme von 600.000 € zu drei gleichen Teilen von je 200.000 € an seine drei Kinder ausbezahlt werden sollte.

Als sich seine Tochter Cäcilie scheiden ließ, zog sie mit ihren zwei Töchtern in eine der Wohnungen im Haus ihres Vaters Leo Lustig, was den Vater von Herzen freute. Vater und Tochter waren ein Herz und eine Seele und die beiden Enkeltöchter taten ein Übriges mit dem Ergebnis, dass Leo Lustig eines Tages feststellte, dass seine beiden Söhne es doch in den USA wirtschaftlich extrem gut getroffen hätten und von seinem Erbe wohl nicht mehr abhängig seien. Cäcilie ihrerseits, die – so muss man zugeben – ihren Vater seit Jahren aufopfernd pflegte und dies auch bis zu seinem Tod tun wollte, nutzte die Gunst dieser Stunde, in der ihre Brüder weit weg und sie dem Vater sehr nah war. In dieser Zeit kam es zu folgenden Transaktionen:

Als Erstes übertrug Leo Lustig seiner Tochter Cäcilie das Dreifamilienhaus zum Eigentum.

Als Zweites schrieb er an seine Lebensversicherungsgesellschaft und wies diese an, im Fall seines Todes die Versicherungssumme nicht an seine drei Kinder, sondern ausschließlich an Cäcilie auszuzahlen.

Als Drittes überlegte er, ob er Cäcilie nicht auch noch seine Aktien und sein Bargeld übertragen sollte. Hier zögerte er allerdings etwas, weil er diesen Teil seines Vermögens vielleicht doch in den nächsten Jahren selbst brauchen würde. Er behielt also Wertpapiere und Bargeld, schenkte all dies aber gleichzeitig seiner Cäcilie, die in Folge dieser sogenannten „Schenkung auf den Todesfall" von der Bank die Überschreibung des beim Tod von Leo übriggebliebenen Bar- und Wertpapiervermögens auf sich würde verlangen können.

Als Leo Lustig 11 Jahre später starb, waren seine Söhne Anton und Bernd zwar wirtschaftlich saturiert, freuten sich aber nichtsdestoweniger auf ihren jeweiligen $^1/_3$-Anteil am väterlichen Erbe, welchen ihnen der Vater vor vielen Jahren erbvertraglich zugesichert hatte. So groß wie die zuversichtliche Hoffnung war die Enttäuschung, als sich der Umfang des zu verteilenden Vermögens als kaum der Rede wert herausstellte. Denn alles Vermögen von bedeutendem Wert war schon lange bei Cecilia gelandet (siehe oben). Blieben unter dem Strich ein

Auto, die Wohnungseinrichtung, etwas Bargeld im Tresor, 70 Flaschen Rotwein im Keller sowie drei Flaschen Champagner im Kühlschrank.

Die Brüder schäumten bei Champagner vor Wut. Das, was da passiert war, konnte doch nicht wahr sein!

Es konnte. Der Erbvertrag, mit dem der Vater Gerechtigkeit versprochen hatte, garantierte jedem Kind $\frac{1}{3}$ des am Lebensende des Vaters verbleibenden Vermögens. Dass der Vater zu seinen Lebzeiten mit seinem Vermögen machen konnte was er wollte, also es auch verbrauchen oder aber verschenken, hatten sich die Söhne in der vom Vater gelebten Konsequenz nicht ausgemalt. Von einer Schenkung auf den Todesfall, als deren Folge Cäcilie ihnen angeblich sogar die Bankguthaben unter der Nase wegangeln konnte, hatten die Brüder noch nie etwas gehört.

„Wer war der Verräter?" fragten sich die Brüder und meinten damit den Vater und die Schwester. Von Familienfrieden konnte keine Rede mehr sein. Cäcilie hatte der Versuchung, die Angebote des Vaters anzunehmen, nicht widerstanden, ein ebenso bedauerliches wie verständliches Verhalten insbesondere angesichts der Tatsache, dass Sie den Vater 20 Jahre lang liebevoll versorgt hatte.

Der (Familien-)Mörder war der Vater. Selbst einmal Opfer eines Erbenstreites hatte er sich mit dem Erbvertrag gleich einem Odysseus an den Masten väterlicher Gerechtigkeit binden lassen wollen. Dabei war sein größter Fehler gar nicht der, dass er später von seinem Erbvertrag abgewichen war. Das war er nämlich – zumindest rein juristisch – gar nicht: Er war nach der Abfassung seines Erbvertrages vollkommen frei, mit seinem Vermögen zu Lebzeiten zu machen, was er wollte.

Sein Fehler war vielmehr, dass er nicht die Courage gehabt hatte, seinen Söhnen mitzuteilen, dass im Lauf der Jahre das Leben anders gespielt hatte als ursprünglich von der Familie vorgesehen: Nicht vorgesehen war, dass Leos Frau viel zu früh verstarb. Nicht vorgesehen war auch, dass die beiden Söhne in den USA ihr Glück machten und dort auch wohnen blieben. Nicht vorgesehen war weiterhin, dass Cäcilie geschieden wurde und mit ihren beiden Töchtern ein neues Leben begann. Alles war anders gelaufen als gedacht. Hätten alle Beteiligten all dies gewusst, so hätte der Vater voraussichtlich ein anderes Testament gemacht und alle wären damit einverstanden gewesen, dass die Tochter Cäcilie, die gleichzeitig die Pflege des von allen Kindern geliebten Vaters übernommen hatte, im Gegenzug für die liebevolle Betreuung das Vermögen des Vaters erhalten sollte.

Wo also war das Problem?

Das Problem lag darin, dass der Vater sich nicht traute, den Söhnen etwas mitzuteilen, was diese höchstwahrscheinlich sogar mitgetragen hätten. Denn was hätten sie schon dagegen sagen können, dass bei entsprechender Jahrzehnte langer liebevoller Pflege durch die Tochter Vaters Vermögen statt an irgendwelche Pflegeheime zu fließen an die Tochter gehen würde? Wieder einmal waren es die Ängste des Vaters vor der Reaktion der Kinder, die ihn davor abhielten, den Kindern in Form eines klaren Wortes reinen Wein einzuschenken. Hätte er dies getan, hätten die beiden Söhne dies verstanden und ihre Schwester sogar unterstützt. Es wäre nicht zu einem Zerwürfnis zwischen den Söhnen und der Tochter gekommen. Die drei Kinder und ihre Familien hätten auch nach dem Tod des Vaters zusammengehalten.

Zusammenfassend können wir feststellen, dass Leo Lustig ein Trottel war. Mit ein paar Telefonaten oder einer gut vorbereiteten Familienkonferenz hätte er alle Beteiligten zufriedenstellen können. Das, was er getan hatte, führte zur Zerstörung der Familie.

Sie, verehrter Leser, werden es besser machen.

23 „Über die Toten nichts als Gutes“?

Wenn die Alten den Familienzwist durch fehlende oder fehlerhafte Regelungen vorbereitet haben: Müssen sich die Kinder streiten oder welche anderen Möglichkeiten haben sie?
Wie aus Geschwisterkindern Helden wurden

Anekdote 23

Günter Birnbaum war ein passionierter Tischler. Für seine Frau Rose und seine Kinder hatte er weniger Zeit. Das von ihm fehlerhaft verfasste Testament brachte nach seinem Tod seiner Frau und seinen Kindern nichts als Probleme und Streitigkeiten. Nachdem sich Rose und Kinder „so in etwa geeinigt“ hatten, machte Rose es ihrem Mann nach und hinterließ ein ebenso fehlerhaftes Testament, über dessen Qualität sie offensichtlich selbst dunkle Ahnungen hatte: Am Ende des Testamentes stand der wissende Satz „All das, was ich hier aufgeschrieben habe, ist nur ein Versuch, die Dinge zu regeln. Das geht alles über meine Kräfte. Meine Kinder und der liebe Gott werden es schon recht machen“.

Wenig später starb Rose. Der liebe Gott und die Kinder waren entsetzt: Die von der Mutter hinterlassenen Regelungen machten alles nur noch schlimmer. Die Kinder gingen aufeinander los und verloren sich in langjährigen Rechtsstreitigkeiten. Weder die Kinder noch ihre Ehepartner noch die Kindeskinder untereinander sprachen miteinander. Die Familie war zerstört. Was hatten die Kinder falsch gemacht?

Die Antwort ist, dass die Kinder überhaupt nichts falsch gemacht hatten. Der Fehler lag ausschließlich bei den beiden Eltern. Der erste Fehler beim Vater, der ein desaströses Testament gemacht hatte. Und der noch größere Fehler bei der Mutter, die – obwohl sie wusste, dass das Testament des Vaters schon verheerende Auswirkungen auf die Familie hatte – sich trotzdem nicht richtig beraten ließ und somit der nächsten Generation einen Konfliktherd erster Güte hinterlassen hatte. Hätten diese beiden Prachtstücke von Eltern etwas weniger egoistisch gelebt, dann hätten sie sorgfältig und gut beraten ihre Testamente zum Wohle aller Kinder gemacht. Letzten Endes waren ihnen ihre Kinder aber eine sorgfältige Regelung offensichtlich „nicht wert". Dementsprechend hätten auch die Kinder reagieren müssen: Dann sind uns unsere Eltern auch nicht so viel wert, als dass wir uns durch sie entzweien lassen würden.

Wandeln wir daher diese Geschichte einmal ab:

Nach dem Tod des Vaters und dessen katastrophalem Testament hatten sich die Mutter und die Kinder – wie wir oben gesehen haben – „so in etwa geeinigt". Unter den vorangegangenen Auseinandersetzungen hatte die Tochter Julia am meisten gelitten. Sie war sehr familienorientiert und hatte das – bis zum Tod des Vaters – sehr glückliche Familienleben als Ort der Geborgenheit über alles geliebt.

Julia war auf sich und den Rest der Familie zornig, „dass sie das nicht besser hingebracht hatten" nach dem Tode des Vaters. Damit sich diese Situation nicht wiederhole, besuchte sie ein Wochenend-Seminar „Lerne zu Erben ohne zu leiden". Der Seminarleiter begann seinen Workshop mit drei Fragen:

1. „Wo steht eigentlich geschrieben, dass die Hinterbliebenen gezwungen sind, sich nach dem Tod eines Menschen zu streiten?"
2. „Wollen Sie den Toten Macht über die Lebenden geben?"
3. „Ist Ihnen eigentlich bewusst, dass Sie allein darüber entscheiden, ob Sie sich von Toten zwingen lassen oder nicht?"

Und er antwortete auf alle seine drei Fragen mit einem einzigen Satz: „In Wirklichkeit sind Sie frei".

Julia war wie elektrisiert. Sie lud ihre Geschwister zu einem gemütlichen Abendessen ein und berichtete ihnen von ihren Erkenntnissen. Glücklicherweise waren inzwischen auch die Geschwister sensibilisiert und hatten auf „Hallo Wach" geschaltet. Als nun einige Zeit später auch die Mutter unter Hinterlassung eines noch viel fürchterlichen Testamentes starb (sie erinnern sich an den obigen Schlusssatz „Der liebe Gott und die Kinder werden es schon richten"), gingen die Kinder in Klausur. In einer ersten Wochenendklausur wurden sich die Geschwister einig:

1. Unsere Eltern haben uns zweimal ein Chaos hinterlassen.
2. Wir lassen uns das Glück des familiären Zusammenhalts durch unsere – zumindest am Ende ihres Lebens unfähigen – Eltern nicht zerstören.
3. Angesichts ihres Versagens sprechen wir unseren Eltern das Recht ab, auf unser zukünftiges Leben Einfluss zu nehmen. Wir sagen uns von unseren Eltern los und treffen selbst die Regelungen, mit denen wir alle gut leben können.
4. Wir mögen uns alle untereinander.
5. Wir haben das Ziel, unseren Zusammenhalt und den Zusammenhalt unserer Kinder zu erhalten.
6. Wenn in Zukunft ein böses Wort fällt, dann nur über unsere Eltern, die alleinigen Verursacher der schwierigen Ausgangssituation.

Anschließend schrieb Julia das Leitmotiv auf eine Flipchart: „Alles, was uns als Geschwister in unserer gegenseitigen Verbundenheit beeinträchtigen könnte, wird eliminiert". Dann wurde Inventur gemacht. Die Dinge, bei denen man sich nicht einigen konnte, wurden versilbert. Soweit es sich um wirtschaftlich wertlose, aber emotional wichtige Gegenstände, Bilder etc. handelte, wurde das in Adelshäusern schon seit Jahrhunderten praktizierte Losverfahren angewendet. Gegenstände, bei denen klar war, dass auch das Losverfahren nicht zu einem allseits befriedigenden Ergebnissen führen würde, wurden ebenfalls verkauft.

Dieses Prozedere dauerte einige Monate, kostete viel Zeit für gemeinsame Gespräche und hatte teilweise schmerzhafte Einschnitte zur Folge. Dass der wertvolle Biedermeier-Sekretär auf Nimmerwiedersehen im Auktionshaus verschwand (die Abmachung: keiner von uns darf mitsteigern) war für Julia und zwei andere Geschwister nahezu unerträglich, jedoch für den Familienfrieden (weil jeder den Sekretär haben wollte, konnte ihn keiner bekommen) unerlässlich.

Aber das Ziel wurde erreicht: Die Kinder hatten sich nicht in das von der Mutter hinterlassene Chaos hineinziehen lassen. Allen Versuchungen zum Trotz hatten sie zusammengehalten. Als sie alles abgewickelt hatten, feierten sie ihren Erfolg in dem Bewusstsein, etwas ganz Außerordentliches geleistet zu haben. Diese große Erfahrung war auch noch Jahrzehnte später die große Klammer zwischen den Geschwistern und Julia schrieb in späteren Jahren eine vielseits beachtet Allegorie „Wie aus Geschwisterkindern Helden wurden".

24 Mein Wille geschehe

Katastrophale Folgen: Wenn an den Bedürfnissen des Ehepartners und der Kinder vorbeitestiert wird. Und: Die besonderen Gefahren, wenn die Kinder beim Tod der Eltern noch minderjährig sind

Anekdote 24

Abgesehen von seiner Besserwisserei war Stefan Stur eigentlich ein ganz liebenswürdiger Mensch. Im Alter von 60 Jahren heiratete er seine 30-jährige Frau Monika, mit der er vier Kinder bekam: Hilde, Hans, Heiner und Benjamin.

Hilde war an ihrem 18. Geburtstag zu ihrem Mathematik-Nachhilfelehrer gezogen, mit dem sie eine ein Jahr alte Tochter hatte.

Hans, hochbegabt, hatte mit 15 „die Schule geschmissen" und lebte in Worpswede, um sich dort zum Maler ausbilden zu lassen.

Heiner, 14, war nach Ansicht des Vaters Stefan sein „Prachtstück", ähnelte dem Vater in vieler Hinsicht und war daher vom Vater als „mein Nachfolger" auserkoren.

Der Kleinste, Benjamin, war acht und seit einem Jahr in der Grundschule.

Leider entwickelte sich die Besserwisserei von Stefan im Laufe der Jahre immer mehr zur Sturheit, worunter die ganze Familie litt.

„Meiner Frau auch zeitlich weit voraus" – wie er zu sagen pflegte – sah sich Stefan Stur nach zwei Herzinfarkten im Alter von 79 Jahren gezwungen, ein Testament zu machen.

Ein Freund der Familie riet ihm, den Kindern bereits „ein bisschen was“, seiner Frau aber den Hauptteil seines Vermögens zu vererben. Diese solle dann später einmal bestimmen, wie das Vermögen unter den Kindern aufgeteilt würde. Es kam, wie es kommen musste: Stefan behauptete, das Gegenteil sei richtig.

Den zarten Hinweis seiner Frau, dass der jüngste Sohn gerade einmal acht Jahre alt sei und nur der liebe Gott wisse, was aus den Kindern einmal werden könne, wies Stefan scharf zurück. Als seine Frau anschließend noch anzumerken wagte, dass (die von Stefan für die Kinder vorgesehenen) Wertpapierdepots heute auch nicht mehr so sicher seien wie sie es noch niemals waren, verlor Stefan die Geduld. Mit dem erpresserischen Hinweis auf seinen labilen körperlichen Zustand überredete er seine Frau dazu, mit ihm zusammen ein gemeinschaftliches Testament ganz nach seinem Willen zu machen.

Der Hauptteil des Vermögens von Stefan bestand in einem großen Autohaus für Luxussportwagen. „Solange es Frauen gibt, gibt es auch Männer, die ihnen imponieren wollen“, pflegte Stefan zu sagen und schloss hieraus auf die Unsterblichkeit seines Autogeschäftes.

Das gemeinschaftliche Testament von Stefan und seiner Frau Monika sah aus wie folgt: „Wenn ich, Stefan, sterbe, wird Monika Alleinerbin. Sie wird allerdings nur nichtbefreite Vorerbin, d.h. sie kann mit dem Vermögen, das sie von mir erbt, nichts machen außer die Einkünfte aus meinem Vermögen für sich und die Kinder verbrauchen. Nacherbe nach Monika wird Heiner. Nach Heiner, sollte er die Firma nicht übernehmen wollen, wird Ersatznacherbe Benjamin. Die Firma soll bis zum 28. Lebensjahr von Heiner (bzw. ersatzweise Benjamin) von dem derzeitigen Geschäftsführer Harro Klein geführt werden. Dieser wird von mir als Testamentsvollstrecker eingesetzt und angewiesen, die Firma zu erhalten. Auf keinen Fall soll die Firma verkauft werden, da sie Monika und Heiner auf Dauer ernähren soll. Die Testamentsvollstreckung soll bis zum 28. Lebensjahr von Heiner andauern.“ Da er es aufgrund seiner Lebenserfahrung nun einmal am besten wüsste, müsste es so, wie er es sich vorstellte, für die Familie auch nach seinem Tod optimal laufen. Nach dem Erbhofprinzip bliebe die Firma in den Händen eines einzigen Kindes und die anderen würden ja nach dem Tod der Mutter durch ihre Pflichtteile ebenfalls ein ansehnliches Sümmchen einstreichen können.

Genötigt durch den Hinweis von Stefan, dass die Verweigerung ihrer Unterschrift ganz ohne Zweifel zu seinem vorzeitigen Tod führen würde, unterschrieb Monika das gemeinschaftliche Testament.

Vier Wochen später war Stefan tot. Ein Jahr später war von seinem Vermögen kaum mehr etwas übrig.

Grund hierfür war, dass Stefan nach Gutsherrenart („Der Herr hat's gegeben, der Herr hat's genommen, und der Herr bin ich") ein Testament gemacht hatte, das im Widerspruch zu den Interessen sämtlicher Familienmitglieder und Hinterbliebenen stand. Und – noch schlimmer – mit dem Stefan, ohne dass er dies realisiert hätte, die Kinder geradezu zwang, ihre Interessen nicht harmonisch, sondern schroff gegeneinander und gegen die Mutter geltend zu machen:

Die kurz nach dem Tod von Stefan eintretende nächste Bankenkrise zwang viele potentielle Kunden zu der Erkenntnis, dass man seine Frau anstelle mit einem Sportwagen auch mit einem Strauß Blumen beglücken kann. Angesichts des erodierenden Neuwagengeschäfts geriet die Firma in eine Kreditklemme, aus der die Banken angesichts ihrer eigenen Situation nicht mehr heraushelfen konnten. Die Mutter Monika hätte zu diesem Zeitpunkt die Firma noch gut verkaufen können. Da sie aber als nichtbefreite Vorerbin eingesetzt war und die Firma durch den Testamentsvollstrecker Harro Klein geführt wurde, konnte sie die Firma nicht verkaufen. Sie konnte also, anders als es notwendig gewesen wäre, aufgrund der starren Regelungen im Testament nicht auf die neu auftauchenden wirtschaftlichen Notwendigkeiten reagieren.

Hinzu kam, dass Stefan die Kinder Hilde, Hans und (mit geringer Chance auf eine Ersatznacherbschaft nach Hans) auch Benjamin enterbt hatte: Und zwar einmal nach seinem Tod und zum zweiten auch nach dem Tod seiner Frau. Monika hatte – siehe oben – dies alles mit unterschrieben.

Als nun die Kinder sahen, dass der Hauptteil des Vermögens, nämlich die Firma, „den Bach runterging", gingen sie nach dem Motto „Retten, was zu retten ist" vor und verlangten ihren Pflichtteil nach dem Tod des Vaters. Für die minderjährigen Kinder Hans, Heiner und Benjamin tat dies jeweils ein sogenannter Ergänzungspfleger, der vom Betreuungsgericht eingesetzt wurde und nunmehr – gesetzlich dazu gezwungen – gegen die Mutter als Alleinerbin vorging. Als der Ergänzungsvormund von Heiner merkte, dass die Firma, die Heiner später einmal bekommen sollte, in größter Gefahr war, verlangte auch er für Heiner den Pflichtteil nach dem Tod des Vaters.

Diese Vorgehensweise war deswegen besonders zwingend, weil Stefan und Monika in ihrem Testament festgelegt hatten, dass auch nach dem Tod von Monika die Kinder (außer Heiner) nur den Pflichtteil bekommen sollten. Die Kinder hatten also keinerlei Anlass, sich in Geduld zu üben, um später nach dem Tod der Mutter als Miterben einen größeren Teil des Vermögens zu erhalten. Letztlich blieb ihnen bzw. den vom Gericht bestellten Ergänzungsvormündern überhaupt nichts anderes übrig, als den Pflichtteil zu verlangen.

Aufgrund der Finanzkrise war das Autohaus ein halbes Jahr nach dem Tod von Stefan, als es verkauft werden musste, nur noch die Hälfte wert. Die Pflichtteile aber wurden richtigerweise nach dem Wert des Autohauses zum Zeitpunkt des Todes von Stefan berechnet. Dementsprechend musste die Mutter Monika, um die Pflichtteile ausbezahlen zu können, den gesamten Veräußerungserlös den Kindern geben. Ihr selbst blieb eine Eigentumswohnung, ein an Wert stark geschrumpftes Wertpapierdepot – und ein Sportwagen.

In unseren unruhigen Zeiten, in denen die Weltkriege nicht mehr auf den Schlachtfeldern, sondern auf den Finanzplätzen ausgetragen werden, sind

Testamente wie die von Stefan und Monika eine Todsünde. Nicht nur hatte Stefan seine Frau dadurch, dass er sie zur nichtbefreiten Vorerbin einsetzte, betreffend jegliche wirtschaftliche Entscheidung lahmgelegt, sondern diese Situation machte es für Monika auch unmöglich, irgendetwas Vernünftiges mit dem ererbten Vermögen zu machen, falls sich die Lebensumstände oder die wirtschaftlichen Rahmenbedingungen ändern sollten.

Außerdem war Monika 30 Jahre jünger als Stefan. Stefan hätte wissen müssen, dass Monika ihn noch leicht 40 Jahre überleben könnte, und hätte ihr angesichts dessen die größtmöglichen Freiheiten einräumen müssen, dies nicht nur zur Sicherung ihrer eigenen, sondern auch zur Sicherung der Interessen der Kinder.

Heiner, seinem auserkorenen Nachfolger, hatte Stefan mit seinem Testament eine ungeheure Last auf die Schultern gelegt, die Hans mit seinen 14 Jahren unter einen ihn überfordernden Erwartungsdruck setzte. Insofern war es für Hans persönlich geradezu ein Segen, dass die Rechnung des Vaters nicht aufging.

Des weiteren hatte der Vater die Jugendlichkeit der Kinder nicht ausreichend in Betracht gezogen: Wer weiß schon, was aus einem 18-, 16-, 14- oder 8-jährigen Kind in 10 oder 20 Jahren werden wird?

Die Kinder **mussten** sich gegen die Mutter erheben, weil sie durch die doppelte Enterbung (einmal nach dem Tod des Vaters und einmal nach dem Tod der Mutter) und angesichts der hohen Lebenserwartung der Mutter damit rechnen mussten, von dem Vermögen des Vaters nie etwas zu erhalten, wenn sie nicht ihren Pflichtteil sofort nach dem Vater geltend machen würden.

Angesichts seiner 79 Jahre hätte Stefan auch bedenken sollen, dass minderjährige Kinder nach dem Tod eines Elternteils nicht durch den überlebenden Elternteil, sondern durch vom Gericht bestellte Ergänzungsvormünder vertreten werden müssen, die auf die Interessen des überlebenden Ehegatten nur in ganz beschränktem Umfang eingehen dürfen.

Die Mutter war ruiniert. Aber: Hatte sie das Testament nicht selbst durch ihre Unterschrift abgesegnet?

So weit, so schlecht. Wenn Stefan und mit ihm Monika nun alles falsch gemacht hatten, wie hätten sie es denn besser machen können?

Wer wollte es dem Vater Stefan übelnehmen, dass er das von ihm geschaffene Autohaus als solide Grundlage für das wirtschaftliche Fortkommen der Familie auch nach seinem Tod erhalten wollte? Dummerweise hatte diese gute Absicht aber nicht nur nicht funktioniert, sondern auf direktem Weg ins Desaster geführt. Hätte er auf den guten Ratschlag seines Freundes gehört, hätte Stefan über das Leben und insbesondere das nach seinem Tod anders nachgedacht: Seine gereiften Überlegungen hätten in etwa lauten können:

- „Das Leben ist nicht in erster Linie dazu da, mir meine posthumen Wünsche zu erfüllen.
- Ich sehe auch die Wünsche und Bedürfnisse meiner 30 Jahre jüngeren Frau, die auch nach meiner Kompostierung durchaus noch ein Recht auf das Leben nach dem Tode – und zwar nach meinem – einschließlich eines neuen Ehemannes hat.
- Was meine Kinder betrifft, so haben diese bisher nicht genau das gemacht, was ich wollte. Ich sehe aber ein, dass allein die Tatsache, dass Kinder nicht das machen, was die Eltern wollen, nicht als Begründung dafür ausreicht, ihnen die wirtschaftlichen Lebensgrundlagen zu entziehen.

Wenn ich das Testament so wie geplant mache, dann zwinge ich meine Kinder geradezu, gegen die Mutter vor Gericht zu ziehen.“

Was für ein Testament würde ein auf diese Weise gereifter Stefan machen?

1. Er würde es im Testament seiner Frau freilassen, wen sie nach ihrem Tod bedenken will. Diese im Juristischen sogenannte **Öffnungsklausel** führt dazu, dass die Ehepartner in ihrem Testament zwar Regelungen festschreiben, aber gleichzeitig es dem längerlebenden Ehegatten frei-

zustellen, später einen anderen – bisher nicht sichtbaren – Weg zu wählen, wenn sich dieser für den längerlebenden Ehepartner und die Kinder mit der Zeit als besser oder notwendig herausstellen sollte. Das ist aber eine Frage des Vertrauens in die Weisheit des jeweils anderen Ehepartners und der Kinder.

2. Stefan würde seine Frau nicht als sog. nichtbefreite Vorerbin einsetzen, sondern als unbeschränkt verfügungsberechtigte Vollerbin, die mit dem Vermögen in den nächsten 40 Jahren ihres Lebens den wirtschaftlichen Gegebenheiten entsprechend souverän handeln kann. Konsequenz davon wäre, dass seine Frau erforderlichenfalls das Autohaus verkaufen könnte.

3. Natürlich würde auch ein gereifter Stefan in seinem Testament das niederlegen, was er besonders gerne hätte. Er wäre sich aber bewusst, dass dies nur Wünsche sein können, denn letztlich entscheidet immer das Leben. Stefan würde also diese Wünsche auch konkret ausmalen (= im Testament regeln), aber mit dem ausdrücklichen Vorbehalt, dass dann, wenn das Leben anders spielt, als er es geregelt hatte, seine Frau die notwendigen Änderungen vornehmen kann. So würde er es beispielsweise offenlassen, ob nicht vielleicht einmal Hildes Nachhilfelehrer mit seinem mathematischen Verstand die Geschicke des Autohauses leiten könnte. Er würde in sein Testament auch hineinschreiben, dass er wünsche, dass sein Sohn Hans in späteren Jahren das Autohaus künstlerisch mit seinen Werken betreuen solle, was Hans die notwendige väterliche Anerkennung bringen würde.

4. Was das Autohaus selbst betrifft, so würde Stefan eine Besitzgesellschaft gründen, in der sämtliche Erben vertreten sind. Seine Frau Monika würde bis zu einem bestimmten Alter der Kinder diejenige sein, die das Sagen hat, unterstützt von den bisherigen Beratern des Autohauses. In dem Gesellschaftsvertrag würde Stefan unter anderem das Abstimmungsverhalten regeln: Für den Fall, dass keines der Kinder an der Fortführung des Autohauses Interesse haben sollte, kann mit einer Dreiviertelmehrheit der Verkauf des Autohauses beschlossen werden.

Außerdem würde er für den Fall, dass eines der Kinder die Firma übernehmen sollte, regeln, dass dann seine Ehefrau diesem Kind ihre Geschäftsanteile übertragen und sich dafür eine entsprechende Verrentung geben lassen dürfte.

Stefan würde verstehen: Nur wenn ich die langfristigen Interessen meiner Frau und meiner Kinder berücksichtige, wird das, was ich vorhabe, Bestand haben. Und wenn das, was ich vorhabe – nämlich die Firma über die nächste Generation hinweg zu erhalten – nicht funktionieren sollte, weil die Zukunft es anders will, gebe ich meiner Frau und meinen Kindern die Möglichkeit, sich den veränderten Gegebenheiten anzupassen.

Den Kindern nichts zu geben, weil diese anders leben wollen als der Vater, würde Stefan gar nicht in den Sinn kommen. Stefan würde stattdessen in das Testament hineinschreiben: Unter Beachtung der wirtschaftlichen Notwendigkeiten der Firma soll den Kindern für ihre Ausbildung und ihren Lebensunterhalt – unabhängig von dem, was sie tun wollen – von meiner Ehefrau immer ausreichend Geld zur Verfügung gestellt werden. Außerdem würde er schreiben: „Sollte Heiner mit der Firma den Erfolg haben, den ich mir erhoffe, so soll er unter Berücksichtigung der Notwendigkeiten der Firma seine Geschwister mit der Zeit auszahlen." Auf diese Weise würde Stefan vermeiden, dass die Kinder untereinander in Konflikt geraten können. Stefan würde bestimmen, dass alle Kinder – unabhängig von der Firma – immer so viel bekommen wie sie für eine angemessene Lebensführung brauchen.

Dies alles hätte den Effekt, dass die Kinder nicht gezwungen würden, nach seinem, Stefans, Tod ihre Pflichtteile von der Mutter zu verlangen, denn sie wüssten ja, dass sie wirtschaftlich auf Dauer versorgt sind. Umgekehrt bräuchte aus ebendiesem Grund die Mutter weniger Angst vor Pflichtteilsforderungen der Kinder haben.

Erläuterungen zu Mein Wille geschehe

In dem vorstehenden Kapitel geht es unter anderem um die Wahrnehmung der Interessen von Minderjährigen und Erwachsenen durch gesetzliche Vertreter, um Vormundschaft, Ergänzungspflegschaft, Betreuung und Ersatzbetreuung. Für diejenigen von Ihnen, verehrte Leser, die sich für diese Fragen interessieren, sind die folgenden Erläuterungen gedacht.

Vormundschaft

Solange Kinder minderjährig sind, stehen sie grundsätzlich unter elterlicher Sorge, d.h., ihre Interessen werden umfassend durch die Eltern wahrgenommen (Personensorge und Vermögenssorge). Nur wenn ein Minderjähriger nicht unter elterlicher Sorge steht, z.B. weil beide Elternteile verstorben sind oder den Eltern das Sorgerecht entzogen wurde, erhält er einen Vormund, der die Personen- und Vermögenssorge ausübt. Wer Vormund wird, kann einerseits durch die Eltern mittels letztwilliger Verfügung bestimmt werden. An diese Benennung ist das Familiengericht bei der Anordnung der Vormundschaft auch gebunden, sofern sie dem Wohl des Kindes dient, es sei denn, dass der Vormund verhindert ist oder die Übernahme der Vormundschaft verzögert. Wurde durch die Eltern kein Vormund bestimmt, setzt das Gericht einen sogenannten Amtsvormund ein.

Ergänzungspflegschaft

Unter einer Ergänzungspflegschaft ist die gerichtliche Übertragung eines Teilbereichs der elterlichen Sorge für einen Minderjährigen auf eine andere Person zu verstehen. Häufigster Fall der Ergänzungspflegschaft ist die Situation, dass ein Elternteil bzw. beide Eltern von der Vertretung des Kindes ausgeschlossen sind. Im vorliegenden Fall musste für die minderjährigen Kinder Hans, Heiner und Benjamin zur Vertretung der Kinder im Prozess gegen die Mutter ein Ergänzungspfleger bestellt werden, da die Mutter nicht auf beiden Seiten des Prozesses (als gesetzliche Vertreterin der Kläger sowie selbst als Beklagte) auftreten kann.

Betreuung

Die Betreuung betrifft nach deutschem Recht die gesetzliche Vertretung von erwachsenen Personen. Soweit die betroffene Person z.B. als Folge von Behinderung oder Krankheit bestimmte Angelegenheiten nicht eigenständig besorgen kann, kann ein Betreuer bestellt werden. Auf die Geschäftsfähigkeit des Betreuten hat die Anordnung der Betreuung als solche keinen Einfluss. Sowohl der Betreute als auch der Betreuer können grundsätzlich wirksam Rechtsgeschäfte vornehmen. Allerdings kann das Vormundschaftsgericht im Rahmen der Betreuung auch anordnen, dass der Betreute zu einer Willenserklärung (d.h. zum Abschluss von Verträgen) die Einwilligung des Betreuers braucht, soweit dessen Aufgabenkreis reicht. Hierdurch wird die Geschäftsfähigkeit des Betreuten eingeschränkt.

Ersatzbetreuung (Verhinderungsbetreuung)

Die Bestellung eines Ersatzbetreuers bei einem Volljährigen entspricht im Wesentlichen der Bestellung eines Ergänzungspflegers bei einem Minderjährigen. D.h., die Bestellung eines Ersatzbetreuers ist dann notwendig, wenn der Betreuer aus rechtlichen oder tatsächlichen Gründen verhindert ist.

Was das Verhältnis der beschriebenen Personen (Vormund, Ergänzungspfleger, Betreuer und Ersatzbetreuer) zum **Testamentsvollstrecker** betrifft, so muss hier unterschieden werden: Während der Testamentsvollstrecker die Aufgabe hat, dafür zu sorgen, dass der Nachlass entsprechend den testamentarischen Vorgaben abgewickelt wird, haben die oben genannten Personen die Aufgabe, die Interessen der Personen, die sie gesetzlich vertreten wahrzunehmen. Es handelt sich also um verschiedene Aufgabengebiete und daher auch jeweils um verschiedene Personen, sodass im geschilderten Fall die minderjährigen Kinder vor Gericht durch eine eigens zu diesem Zweck bestellte Person vertreten werden.

25 Nur wer die Form hat, kann (sich) gehen (lassen)

Die falsche Form führt zur Ungültigkeit des Testamentes.
Und: Bei großen Vermögen schon zu Lebzeiten mit dem Weitergeben anfangen: Schenken, Stiften, die eigenen Visionen leben

Anekdote 25

Martin Geldborn hatte ein riesiges Vermögen geerbt. Abgesehen davon, dass er geizig und misstrauisch war, war Martin ein liebenswerter Kerl. Er hatte keine Kinder, wohl aber eine liebenswürdige (und natürlich anspruchslose) Lebensgefährtin. Diese war es auch, die Martin mit der Zeit darauf brachte, sich mit 20 % seines Vermögens in verschiedenen caritativen und ökologischen Projekten zu engagieren.

In der Nacht vor einem kleinen chirurgischen Eingriff machte Martin („man weiß ja nie") ein ausführliches Testament, in welchem er seine Lebensgefährtin, ein von ihm gegründetes alternatives Waisenhaus, eine von ihm gegründete Stiftung zur Erforschung alternativer Energiequellen, eine von ihm gegründete Stiftung zur Förderung hochbegabter Kinder aus armen Familien sowie 20 Freunde und Mitstreiter, um deren finanzielle Sorgen er wusste, zu Erben einsetzte. Infolge eines ärztlichen Kunstfehlers verstarb Martin am nächsten Morgen im Operationssaal. Bei der Eröffnung des Testaments wurde festgestellt, dass der beratungsresistente Martin („Berater sind etwas für Leute, die nicht genau wissen, was sie wollen" war sein Lieblingsspruch) sich nicht über das Formerfordernis letztwilliger Verfügungen informiert und daher sein Testament mit der großväterlichen Schreibmaschine geschrieben hatte. Das Testament war total unwirksam. Keiner der in dem Testament bedachten Personen bzw. Institutionen erhielt auch nur einen einzigen Cent. Erben wurden nach dem Gießkannenprinzip die Cousinen, Cousins, Nichten und Neffen von Martin. Diese wären nun allerdings die allerletzten gewesen, die Martin als seine Erben gewollt hätte, denn sie waren ihm nicht nur menschlich fern, sondern selbst auch alle so reich, dass sie das Geld von Martin nicht brauchten. So floss Martins enormes Vermögen genau dorthin, wo es nie hätte landen sollen.

Den von ihm gegründeten Stiftungen und dem alternativen Waisenhaus ging nach kurzer Zeit das Geld aus, Gleiches galt für seine Lebensgefährtin und seine 20 Freunde und Mitstreiter, die er in seinem Testament bedacht hatte. Alle und alles war auf Martin und sein langes Leben ausgerichtet. So hinterließ Martin drei großartige, aber kurz nach seinem Tod insolvenzreife Projekte sowie eine Lebensgefährtin und 20 Freunde und Mitstreiter, die ihm bei der Realisierung seiner Projekte aufopfernd zur Seite gestanden hatten und zu vornehm gewesen waren, ihn zu Lebzeiten um Geld zu bitten. Seine Lebensgefährtin war verzweifelt, seine Mitstreiter stinksauer. Die Waisen standen wieder auf der Straße. Martins Ruf war ruiniert.

Hätte Martin sein Testament nicht mit der Schreibmaschine, sondern mit der Hand geschrieben, so wäre es wirksam gewesen. Wie Sie, verehrter Leser, Ihr Testament formgültig machen, zeigen wir Ihnen am Ende dieses Kapitels. Vorher wollen wir aber noch auf einen anderen Fehler von Martin Geldborn eingehen: Er hatte den Transfer des größten Teiles seines Vermögens für die Zeit nach seinem Tode aufgespart. Damit hatte er gleichzeitig alle, die nach seinem Tod litten, zu seinen Lebzeiten von sich abhängig gemacht. Er hatte das Vertrauen einer Vielzahl von Menschen und Institutionen in Anspruch, die damit verbundene Verantwortung aber nicht ernst genommen.

Wie hätte er es besser machen können? Ein gereifter Martin Geldborn hätte seinen Geiz und sein Misstrauen irgendwann einmal abgelegt, insbesondere die bei manchen Reichen anzutreffende Angst, irgendwann einmal völlig zu verarmen. So gereift (was er nicht geschafft hatte) hätte er schon zu Lebzeiten mehr gegeben, sowohl an sein alternatives Waisenhaus als auch an die von ihm gegründeten Stiftungen. Seine Freunde und Mitstreiter hätte er nicht darben lassen, sondern ihnen schon zu seinen Lebzeiten das

gegeben, was sie brauchten, um ihn bei seinen Projekten zu unterstützen,
ohne gleichzeitig am Hungertuch zu nagen.

Mit anderen Worten: Martin hätte schon zu seinen Lebzeiten das, was er an Liebe, Unterstützung und Vertrauen empfangen hatte, **ausgleichen** können. „Geiz und Misstrauen sind Kinder der Angst" heißt ein altes Sprichwort. Mit etwas mehr Mut hätte Martin sich und seine „Großfamilie" nicht erst bei seinem Tod, sondern schon zu seinen (und der anderen) Lebzeiten glücklich machen können.

Erläuterungen zur formrichtigen Abfassung eines Testaments

Die Annahme, Dinge könnten durch einfaches mündliches Versprechen oder durch „Handschlag“ vererbt werden, ist rein denklogisch nicht abwegig. In anderen Staaten der Erde können auch mündliche Versprechen „vor Zeugen“ durchaus zu schenk- und erbrechtlichen Ansprüchen führen.

In Deutschland ist allerdings das wirksame Vererben (ganz Ähnliches gilt übrigens auch für das Verschenken) an strenge Formvorschriften gebunden:

Wer wegen Gebrechlichkeit oder anderen Gründen sein Testament nicht handschriftlich errichten kann oder will, kann zum Notar gehen, dort seinen letzten Willen schriftlichen niederlegen lassen und unterschreiben.

Die in der Praxis häufigste Form ist das **eigenhändig geschriebene Testament**. Dabei muss der Text des Testamentes zwingend handschriftlich vom Erblasser selbst abgefasst und selbst eigenhändig unterschrieben sein. Nicht ausreichend ist es also, wenn der Testamentstext nur mit Schreibmaschine geschrieben und dann handschriftlich unterschrieben ist. Ein solches Testament wäre vollständig ungültig, d.h. würde so behandelt werden, als ob es nie geschrieben worden wäre. Also, noch einmal: Der Text des Testamentes muss zwingend handschriftlich vom Erblasser selbst geschrieben und selbst eigenhändig mit Ort und Datum versehen und unterschrieben sein. Außerdem muss das Testament im Original vorliegen. Es ist also nicht ausreichend, wenn das Testament nur in Kopie vorliegt. Eine Kopie kann zwar als Beweis dafür dienen, dass ein Testament mit entsprechendem Inhalt existiert, nicht aber die gesetzlich zwingende Form des Originals ersetzen.

Eine Sonderform des eigenhändigen Testamentes ist das **gemeinschaftliche Ehegattentestament.** Hier ist eine Formerleichterung dergestalt gegeben, dass es ausreicht, dass einer der beiden Ehegatten den Testamentstext eigenhändig schreibt und der andere Ehegatte am Ende lediglich handschriftlich vermerkt: „Dies ist auch mein letzter Wille" (oder ähnliches) und dann den vom anderen Ehegatten geschriebenen Testamentstext mit unterschreibt.

Wenn zwei Personen sich erbrechtlich gegenseitig binden wollen (z.B. sinngemäß):

„Ich vererbe Dir meine Hälfte unseres Hauses, weil Du mir Deinerseits die andere, Dir gehörende Hälfte des Hauses vererbst",

so sind solche gegenseitig bindenden Verfügungen zwischen Ehegatten in einem gemeinschaftlichen handschriftlichen Testament möglich. Gleichgeschlechtliche Paare, die eine Lebenspartnerschaft nach dem Lebenspartnerschaftsgesetz eingegangen sind, können ebenfalls ein gemeinschaftliches handschriftliches Testament machen. Bei sonstigen Personen ist für solche bindenden gegenseitigen erbrechtlichen Verfügungen die Form des notariellen Erbvertrages erforderlich.

Hinweis

Ohne Einfluss auf die Wirksamkeit des Testamentes ist dessen Aufbewahrungsort. Um es vor Zerstörung, Beschädigung oder sonstigen Beeinträchtigungen (beispielsweise vor dem Zugriff gesetzlicher Erben, die ein Testament zugunsten Dritter verschwinden lassen könnten) zu schützen, empfiehlt sich die Aufbewahrung im eigenen Safe, bei einem Rechtsanwalt, Notar oder Gericht.

Glossar

Auflage
Die in einer → letztwilligen Verfügung festgelegte Verpflichtung eines → Erben oder → Vermächtnisnehmers zu einem Tun, Dulden oder Unterlassen, ohne dass der eventuell Begünstigte ein Recht auf diese Leistung zugewandt bekommt.

Auseinandersetzung des Nachlasses
→ Erbauseinandersetzung.

Auseinandersetzungsverbot
In einer → letztwilligen Verfügung enthaltene Anordnung, die es den Erben verbietet, den → Nachlass auseinanderzusetzen. Das Verbot kann nur einen bestimmten Nachlassgegenstand, einen Teil des Nachlasses oder den gesamten Nachlass betreffen. Das Auseinandersetzungsverbot ist eine → Teilungsanordnung mit negativem Inhalt. Die → Erben können sich einverständlich über den Willen des → Erblassers hinwegsetzen. Dies kann der → Erblasser aber verhindern, indem er einen → Testamentsvollstrecker einsetzt.

Ausschlagung
Die Erklärung einer als → Erbe berufenen Person gegenüber dem → Nachlassgericht, die → Erbschaft nicht annehmen zu wollen. Diese Erklärung ist innerhalb von sechs Wochen ab Kenntnis vom Anfall und vom Grund der Berufung abzugeben.

Bankvollmacht über den Tod hinaus
Vollmacht des → Erblassers, die es dem Inhaber auch schon vor Erteilung des Erbscheines erlaubt, auf die Konten des → Erblassers zuzugreifen.

Befreite Vorerbschaft
→ Vorerbschaft.

Behindertengerechtes Testament
Testament, mit dem verhindert werden kann, dass der Sozialhilfeträger auf den Erbteil oder Pflichtteil eines Erben zugreifen kann, der Sozialleistungen empfängt (z.B. wegen seiner Behinderung).

Berliner Testament
→ Ehegattentestament, bei dem sich die Ehegatten beim Tod des Erstversterbenden gegenseitig zu Alleinerben und ihre Kinder beim Tod des Letztversterbenden als → Schlusserben einsetzen.

Bestimmungsvermächtnis
→ Vermächtnis, das mehreren Personen in der Art zugewandt wird, dass eine dritte Person bestimmt, welche dieser Personen das Vermächtnis erhält.

Betreuung
Ist ein Volljähriger aufgrund einer Behinderung oder Krankheit physisch oder psychisch nicht in der Lage, seine Angelegenheiten selber zu besorgen, so wird ihm vom → Vormundschaftsgericht ein Betreuer zur Seite gestellt, der ihn umfassend oder auf einzelnen Gebieten unterstützt. Soweit ein Einwilligungsvorbehalt des Betreuers besteht, kann der Betreute ohne den Betreuer die betroffenen Rechtsgeschäfte nicht abschließen.

Betreuungsverfügung
Anordnung einer Person für den Fall, dass sie unter → Betreuung gestellt wird, bezüglich der Person des Betreuers und Art der Ausübung der → Betreuung.

Betriebsaufspaltung
Aufteilung eines Betriebes in zwei Gesellschaften: das Betriebsunternehmen auf der einen Seite, das Besitzunternehmen, das die Verwaltung der Betriebsmittel zusammenfasst, auf der anderen Seite.

Betriebsvermögensfreibetrag
Steuerlicher → Freibetrag bei der Übertragung von Betriebsvermögen im Rahmen einer Schenkung oder eines → Erbfalls.

Betriebsvermögensprivilegien
Erbschaft- und schenkungsteuerliche Vergünstigungen bei der Übertragung von Betriebsvermögen. Hierunter fallen insbesondere der → Betriebsvermögensfreibetrag, der → Bewertungsabschlag und das Steuerklassenprivileg.

Bewertungsabschlag
Steuererleichterung für die Übertragung von Betriebsvermögen: Der nach Abzug des → Betriebsvermögensfreibetrages verbleibende Erwerb ist nur mit einem Bruchteil seines Wertes zu versteuern.

Buchgewinn
Noch nicht realisierter Gewinn, wenn der → Verkehrswert einer Sache größer ist als sein → Buchwert.

Buchwert
Wert, mit dem ein Wirtschaftsgut in der Bilanz steht.

Dauernde Last
In der Höhe u.U. veränderliche (da z.B. gewinn- oder umsatzabhängig), regelmäßig wiederkehrende Leistung, in der Regel als Geld-, seltener als Sachleistung. Oft als Gegenleistung zur Vermögensübertragung im Wege der → vorweggenommenen Erbfolge.

Dauertestamentsvollstreckung
→ Testamentsvollstreckung.

Dauervollstreckung
→ Testamentsvollstreckung.

Ehegattentestament
→ Testament, das zwei Eheleute oder Partner einer eingetragenen Lebens-

partnerschaft gemeinsam errichten. Es unterliegt einer erleichterten Form, wenn es handschriftlich verfasst wird, da nur einer der beiden Ehegatten das → Testament komplett handschriftlich verfassen muss, und der andere Ehegatte sich dann dieser → letztwilligen Verfügung durch Unterschrift anschließen kann.

Ehevertrag

Vertrag zwischen zwei Ehegatten v.a. zur Regelung des → Güterstandes. Er kann auch Regelungen für den Fall der Scheidung, insbesondere zu Unterhaltspflichten enthalten. Der Ehevertrag muss notariell beurkundet werden.

Einbringung

Überführung eines Vermögensgegenstandes in das Betriebsvermögen.

Einheitswert

Wert bestimmter Wirtschaftsgüter im Rahmen der steuerlichen Bewertung. V.a. bei der Bewertung von Grundstücken üblich, heute noch Grundlage für die Festsetzung der Grundsteuer.

Einzelrechtsnachfolge

In anderen Ländern bestehendes System der Rechtsnachfolge der → Erben in einzelne Vermögensgegenstände des → Erblassers. Auch → Singularsukzession genannt. Gegenbegriff zu dem in Deutschland herrschenden Grundsatz der → Gesamtrechtsnachfolge oder → Universalsukzession.

Enterbung

Ausschluss eines → gesetzlichen Erben von der → Erbfolge durch → Testament. Abkömmlinge, Ehegatten und evtl. die Eltern des Erblassers bekommen, wenn sie enterbt wurden, die Hälfte ihres gesetzlichen Erbteils als → Pflichtteil.

Erbanfall

Der Übergang aller Rechte und Pflichten auf den oder die → Erben beim Tod des → Erblassers. Der Erbanfall, auch → Erbgang genannt, geschieht automatisch, die Erbschaft kann jedoch ausgeschlagen werden.

Erbauseinandersetzung

Verteilung des → Nachlasses auf die → Erben.

Erbausschlagung

→ Ausschlagung.

Erbe

Der Erbe tritt nach § 1922 BGB beim Tode des → Erblassers in dessen Rechte und Pflichten ein.

Erbengemeinschaft

Gibt es mehrere → Erben, so bilden sie bis zur → Auseinandersetzung des → Nachlasses eine Erbengemeinschaft. Der → Nachlass steht allen → Erben in Bruchteilen entsprechend ihrer jeweiligen → Erbquote zu und wird gemeinschaftlich verwaltet.

Erbenhaftung
Da die → Erben alle Rechte und Pflichten des → Erblassers übernehmen, haften sie auch für die Schulden, die der → Erblasser hinterlässt. Ist der → Nachlass überschuldet, also hat der → Erblasser mehr Schulden als Aktivvermögen hinterlassen, so können die → Erben ihre Haftung unter bestimmten Voraussetzungen auf das hinterlassene Vermögen begrenzen und ein → Nachlassinsolvenzverfahren beantragen.

Erbersatzsteuer
→ Familienstiftungen oder -vereine, die als juristische Personen zeitlich unbegrenzt existieren können, werden regelmäßig alle 30 Jahre zu einer Erbersatzsteuer herangezogen. Dabei wird ein Erbfall fingiert und das Vermögen der Stiftung oder des Vereins als steuerpflichtiger Erwerb zugrunde gelegt.

Erbfolge
Die Rechtsnachfolge der → Erben in die Rechte und Pflichten des → Erblassers. In Deutschland → Universalsukzession oder → Gesamtrechtsnachfolge (im Gegensatz zur → Singularsukzession oder → Einzelrechtsnachfolge).

Erbgang
→ Erbanfall.

Erblasser
Person, die bei ihrem Tod ihr Vermögen den → Erben hinterlässt.

Erbquote
Der Bruchteil, zu dem ein → Miterbe in die Rechte und Pflichten des → Erblassers eintritt.

Erbschaftsteuer
Steuer, die für den Vermögenszuwachs aus Anlass eines Erbfalls vom Erben oder Vermächtnisnehmer erhoben wird. In Deutschland geregelt im Erbschaft- und Schenkungsteuergesetz.

Erbschaftsteuerrichtlinien
Verwaltungsvorschriften zur Auslegung des Erbschaft- und Schenkungsteuergesetzes. Sie haben zwar keine Gesetzeskraft, binden aber die Verwaltung.

Erbschaftsteuerwert
Wert eines Gegenstandes, wie er für die Erhebung der → Erbschaftsteuer zugrunde gelegt wird. Oft niedriger als der → Verkehrswert.

Erbschein
Ein auf Antrag des oder der Erben vom Nachlassgericht erstelltes Zeugnis über die Erbenstellung. Der Erbschein hat öffentlichen Glauben, d.h. der Inhalt des Erbscheins wird als richtig vermutet.

Erbteil
Der Teil des Nachlasses, der auf einen → Miterben entfällt (→ Erbquote).

Erbvertrag
Form der → letztwilligen Verfügung, bei der der spätere → Erblasser mit einer anderen Person einen notariellen Vertrag schließt. Die vertragsmäßigen Verfügungen binden den → Erblasser auch schon zu Lebzeiten, d.h. er kann keine andere → letztwillige Verfügung mehr treffen, die den vertragsmäßigen Verfügungen widerspricht.

Erbverzicht
Verzicht eines → gesetzlichen Erben auf sein → gesetzliches Erbrecht in notarieller Form. Der verzichtende → Erbe ist somit von der → gesetzlichen Erbfolge ausgeschlossen und verliert auch seinen → Pflichtteilsanspruch.

Ersatzerbe
→ Erbe, der nur für den Fall eingesetzt wird, dass die vorrangig als → Erbe eingesetzte Person nicht erben kann oder will, also z.B. vor dem Erblasser verstirbt oder die → Erbschaft ausschlägt.

Ertragswert
Wert insbesondere eines Unternehmens oder Grundstücks, der sich an dem erzielten und/oder zu erwartenden Ertrag orientiert.

Ertragswertverfahren
Verfahren zur Bewertung des → Ertragswertes eines Wirtschaftsgutes.

Familienstiftung
→ Stiftung zur Unterstützung einer Familie (meist die des Stifters).

Fideikommiss
Ursprünglich römisches Rechtsinstitut, bei dem ein → Erblasser einer anderen Person die Erfüllung einer Aufgabe zu treuen Händen übergibt. Später unveräußerliche Vermögensmassen, die von Treuhändern verwaltet wurden. Diese Vermögensmassen wurden mit der Abschaffung der Fideikommisse im deutschen Recht meist in → Stiftungen überführt.

Freibetrag
Steuerbefreiung: Für einen Erwerb bis zur Höhe des Freibetrages müssen keine Steuern gezahlt werden.

Gemeinschaftliches Testament
→ Ehegattentestament.

Gesamthandsgemeinschaft
Vermögensgemeinschaft, deren Rechte und Pflichten mehreren Personen gemeinschaftlich zustehen. Beispiel: → Erbengemeinschaft.

Gesamtrechtsnachfolge
Rechtsnachfolge der → Erben in alle Rechte und Pflichten des → Erblassers, also in sein gesamtes Vermögen, bei mehreren → Erben jeweils in Quoten. Auch → Universalsukzession genannt. Gegenbegriff zu → Einzelrechtsnachfolge oder → Singularsukzession.

Gesellschaft bürgerlichen Rechts (GbR)
Zusammenschluss mehrerer Personen zur Förderung eines gemeinschaftlichen Gesellschaftszwecks, Grundform der Personengesellschaft.

Gesetzliche Erbfolge
Bestimmung der → Erben ohne → letztwillige Verfügung. Die gesetzlichen Erben sind nach dem Grad der Verwandtschaft zum → Erblasser in Ordnungen eingeteilt. Mitglieder einer höheren Ordnung erben nur, wenn keine Verwandten niedrigerer Ordnungen erben.

Gesetzlicher Erbteil
Quote am → Nachlass, die einer Person nach der → gesetzlichen Erbfolge zusteht oder zustehen würde.

Gesetzlicher Güterstand
Güterstand, in dem die Ehegatten leben, wenn sie keine abweichende Vereinbarung in einem → Ehevertrag getroffen haben. In Deutschland ist der gesetzliche Güterstand die → Zugewinngemeinschaft.

Gewerblicher Grundstückshandel
Sobald der Verkauf von Grundstücken ein gewisses Maß überschreitet, so wird unterstellt, dass es sich um einen Gewerbebetrieb handelt. Die Gewinne sind dann auch nach Ablauf der Spekulationsfrist/Veräußerungsfrist von zehn Jahren einkommensteuerpflichtig.

Gewillkürte Erbfolge
Regelung der → Erbfolge durch den → Erblasser in einer → letztwilligen Verfügung.

Grundbuch
Öffentliches Register, das bei den Amtsgerichten geführt wird und das Auskunft über das Eigentum und die Belastungen von Grundstücken gibt.

Gütergemeinschaft
→ Güterstand, nach dem der Großteil des Vermögens beider Ehegatten beiden gemeinsam gehört. Daneben haben aber beide Ehegatten noch ein Vorbehaltsgut und ein Sondergut, das ihnen jeweils alleine gehört. Dieser → Güterstand kann in Deutschland nur durch notariellen → Ehevertrag begründet werden.

Güterstand
Regelung der vermögensrechtlichen Beziehungen zwischen den Ehegatten während der Ehe. Es gibt den → gesetzlichen Güterstand der → Zugewinngemeinschaft sowie die durch → Ehevertrag zu begründenden Güterstände der → Gütertrennung und der → Gütergemeinschaft oder diverse Abwandlungen der → Zugewinngemeinschaft.

Güterstandsregister
Öffentliches Verzeichnis, in das vom → gesetzlichen Güterstand abweichende Vereinbarungen zwischen Ehegatten eingetragen werden können. Es wird

bei den Amtsgerichten (→ Registergericht) geführt.

Gütertrennung

Durch notariellen → Ehevertrag begründeter → Güterstand, bei dem die Vermögensmassen der beiden Eheleute sowohl während der Ehe als auch nach Beendigung der Ehe getrennt bleiben.

Juristische Person

Personenvereinigung (Vereine, Gesellschaften etc.) oder selbständige Vermögensmasse, der vom Gesetz eine eigene Rechtspersönlichkeit zugesprochen wird. Sie ist selber Träger von Rechten und Pflichten.

Kapitalkonto

Konto, das bei Personengesellschaften die Entwicklung des Gesellschaftsanteils eines Gesellschafters aufzeigt. Angefangen von der Einlage werden darauf auch sämtliche diesem Gesellschafter zugewiesenen Gewinne und Verluste ausgewiesen.

Leibgeding

Die Rechte, die sich der Landwirt bei Übergabe eines landwirtschaftlichen Betriebes an seinen Nachfolger vorbehält, in der Regel auf Lebenszeit: Wohnrecht, Naturalleistungen, Geldrenten, Nutzungsrechte, etc.

Leibrente

Wiederkehrende Leistung, üblicherweise vertraglich auf Lebenszeit vereinbart, oft im Zusammenhang mit Vermögensübertragungen zur → vorweggenommenen Erbfolge. Anders als bei der → dauernden Last ist die Leibrente in der Höhe grundsätzlich unveränderlich.

Letztwillige Verfügung

Verfügung von Todes wegen. Anordnung des → Erblassers, die zu seinem Tode Wirkung entfalten soll. Üblicherweise → Testament oder → Erbvertrag.

Miterbe

Einer von mehreren gleichzeitig berufenen → Erben.

Mittelbare Grundstücksschenkung

Schenkung eines Geldbetrages, mit dem ein bestimmtes Grundstück erworben werden soll.

Nacherbe

Der Nacherbe erbt nicht direkt mit dem Tod des → Erblassers, sondern erst zu einem vom → Erblasser bestimmten Zeitpunkt (→ Nacherbfall). Juristisch erbt der Nacherbe aber direkt vom → Erblasser, nicht vom → Vorerben.

Nacherbfall

Der Zeitpunkt oder das Ereignis, zu dem das Vermögen vom → Vorerben auf den → Nacherben übergeht, wird als Nacherbfall bezeichnet.

Nacherbschaft

Der → Erblasser kann verfügen, dass sein Vermögen oder ein Teil davon zunächst auf eine oder mehrere Personen (→ Vorerbe), später zu einem bestimmten Zeitpunkt oder bei Eintritt eines bestimmten Ereignisses (→ Nacherbfall) auf eine oder mehrere andere Personen (→ Nacherbe) übergehen soll. Die beim → Nacherben anfallende Erbschaft wird als Nacherbschaft bezeichnet.

Nachfolgeklausel

Regelung im Gesellschaftsvertrag, nach der ein bestimmter oder alle → Erben eines Gesellschafters nach dessen Tode an seiner Stelle in die Gesellschaft eintreten können oder ausdrücklich davon ausgeschlossen sein sollen.

Nachlass

Das Vermögen des → Erblassers mit allen Aktiva und Passiva.

Nachlassgericht

Abteilung des Amtsgerichts, das für Verfahren im Zusammenhang mit erbrechtlichen Fragen zuständig ist.

Nachlassinsolvenzverfahren

Verfahren, das bei Überschuldung des → Nachlasses dazu dienen soll, die Haftung der → Erben auf die Nachlassaktiva zu begrenzen.

Nachlasssteuer

→ Erbschaftsteuer.

Nachlassverbindlichkeit

Verbindlichkeiten, die vom → Nachlass zu begleichen sind. Hierunter fallen einerseits die Erblasserschulden, also die vom → Erblasser selbst eingegangenen Verbindlichkeiten und die Erbfallschulden, die im Zusammenhang mit dem Erbfall selber stehen (z.B. Beerdigungskosten, Kosten der Nachlassabwicklung etc.).

Nachlassversteigerung

Versteigerung einzelner Nachlassgegenstände (besonders häufig: Grundstücke) oder des gesamten Nachlasses zum Zwecke der → Auseinandersetzung. Der Erlös wird entsprechend den → Erbquoten auf die → Erben verteilt.

Nachlassverzeichnis

Verzeichnis aller Nachlassaktiva und -passiva.

Nachvermächtnis

Parallel zur → Nacherbschaft kann auch ein → Vermächtnis erst einem Vorvermächtnisnehmer und dann einem Nachvermächtnisnehmer zugewandt werden.

Nießbrauch

Das Recht, aus einer Sache oder einem Recht Nutzungen zu ziehen. Der Berechtigte kann die Sache oder das Recht selbst nutzen oder die Früchte daraus ziehen.

Nießbrauchsvorbehalt

Klausel, üblicherweise im Vertrag zur Übertragung von Immobilien oder anderen wertvollen Gegenständen im Wege der → vorweggenommenen Erbfolge, mit der sich der Übertragende den → Nießbrauch an dem übertragenen Gegenstand sichert. Auf diese Weise kann der Übertragende den Gegenstand auch nach der Übertragung nutzen oder die Früchte daraus ziehen, obwohl das Eigentum bereits auf den Erwerber übergegangen ist.

Objektgesellschaft

Gesellschaft, die zur Verwaltung eines bestimmten Vermögens (meist Immobilien) gegründet wird. Durch die Ausnutzung diverser Steuerprivilegien kann so unter Umständen → Erbschaftsteuer gespart werden.

Öffentliches Testament

Vor einem Notar errichtetes → Testament.

Öffnungsklausel

Hier: Klausel in einem → Ehegattentestament, die es dem überlebenden Ehegatten in den im Testament formulierten Grenzen erlaubt, das → Ehegattentestament auch nach dem Tode des zuerst versterbenden Ehegatten zu ändern.

Patientenverfügung

Verfügung einer Person, wonach insbesondere lebensverlängernde medizinische Maßnahmen nicht mehr länger durchzuführen sind, wenn sie sich in einer aussichtslosen gesundheitlichen Verfassung befindet.

Pflichtteil

Mindestbeteiligung des Ehegatten, der Abkömmlinge und u.U. der Eltern des → Erblassers am → Nachlass. Der Pflichtteil beträgt die Hälfte des → gesetzlichen Erbteils.

Pflichtteilsergänzungsanspruch

Aufstockung des Pflichtteils, wenn der → Erblasser innerhalb der letzten zehn Jahre vor seinem Tod Schenkungen gemacht hat. Dies soll verhindern, dass der → Erblasser die Pflichtteilsberechtigten durch Schenkungen kurz vor seinem Tode ungebührlich benachteiligt.

Pflichtteilsstrafklausel

Meist in → Ehegattentestamenten enthaltene Klausel, mit der ein Pflichtteilsberechtigter, der für den Fall des Todes des ersten Erben (meist eines Elternteils) → enterbt wurde, davon abgehalten werden soll, den → Pflichtteil zu verlangen. In der Regel wird er, sollte er den → Pflichtteil verlangen, dann beim Tod des anderen Ehegatten auch auf den → Pflichtteil gesetzt.

Pflichtteilsverzicht

In einem notariellen Vertrag zwischen dem zukünftigen → Erblasser und dem Pflichtteilsberechtigten enthaltener Verzicht des Pflichtteilsberechtigten auf seinen → Pflichtteil für den Fall seiner Enterbung. Sollte es aber keine → letztwillige Verfügung geben, so bleibt ihm das → gesetzliche Erbrecht erhalten. Der Pflichtteilsverzicht kann auch beschränkt werden, etwa auf den → Pflichtteilsergänzungsanspruch.

Registergericht
Gericht, das ein öffentliches Register führt, z.B. Handelsregister oder → Güterstandsregister.

Rente
→ Leibrente.

Rückfallklausel
Klausel in einem Schenkungsvertrag, die bestimmt, unter welchen Umständen der geschenkte Gegenstand automatisch wieder an den Schenkenden zurückfällt.

Rückübertragungsanspruch
Anspruch des Schenkenden gegen den Beschenkten auf Rückübertragung des geschenkten Gegenstandes.

Schenkung
Vermögensübertragung ohne Gegenleistung.

Schenkung auf den Todesfall
→ Schenkung unter Lebenden, die jedoch erst beim Tod des Schenkers vollzogen werden soll.

Schenkung unter Lebenden
→ Schenkung, die zu Lebzeiten des Schenkers und des Beschenkten vorgenommen wird.

Schenkung von Todes wegen
Schenkungsversprechen unter der Bedingung, dass der Beschenkte den Schenker überlebt. Im Gegensatz zur Schenkung unter Lebenden oder auf den Todesfall finden besondere Formvorschriften Anwendung.

Schlusserbe
In einem → Berliner Testament als → Erbe nach dem letztversterbenden Ehegatten eingesetzte Person.

Singularsukzession
→ Einzelrechtsnachfolge.

Sozialhilfefestes Testament
→ Behindertengerechtes Testament.

Stiftung
Vermögensmasse mit eigener Rechtspersönlichkeit. Die Stiftung ist eine → juristische Person.

Stille Beteiligung
Beteiligung einer Person am Handelsgewerbe einer anderen Person, ohne dass die Beteiligung nach außen in Erscheinung tritt.

Stille Reserven
Beim Verkauf eines Wirtschaftsgutes, dessen Buchwert niedriger ist als sein

→ Verkehrswert, realisierte → Buchgewinne. Stille Reserven müssen versteuert werden.

Teilungsanordnung
Verfügung des → Erblassers in seiner → letztwilligen Verfügung, die bestimmt, welcher → Erbe welche Nachlassgegenstände erhalten soll.

Teilungsverbot
→ Auseinandersetzungsverbot.

Teilungsversteigerung
→ Nachlassversteigerung.

Testament
Einseitige → letztwillige Verfügung des Erblassers, in der er Verfügungen für den Fall seines Todes trifft. Er kann insbesondere → Erben einsetzen, → Vermächtnisse aussetzen, einen → Testamentsvollstrecker einsetzen, → Auflagen anordnen, → Teilungsanordnungen treffen etc.

Testamentseröffnung
Gerichtliche Öffnung und Verlesung eines bei Gericht verwahrten oder dort abgegebenen → Testamentes.

Testamentsvollstrecker
Person, die das Testament vollstrecken soll → Testamentsvollstreckung.

Testamentsvollstreckung
Anordnung des → Erblassers in einer → letztwilligen Verfügung, nach der ein → Testamentsvollstrecker die Ausführung des letzten Willens des → Erblassers überwachen und notfalls durchsetzen soll. Die Testamentsvollstreckung kann auf die → Auseinandersetzung des Nachlasses beschränkt sein (→ Auseinandersetzungsvollstreckung) oder darüber hinaus zur Verwaltung des Nachlasses angeordnet sein (→ Verwaltungsvollstreckung oder → Dauervollstreckung).

Testierfähigkeit
Fähigkeit einer Person, selbständig ein → Testament zu errichten. In Deutschland ab Vollendung des 16. Lebensjahres bis zum Tode, sofern die Einsicht in die Tragweite der Verfügung nicht wegen einer Bewusstseinsstörung oder durch Geistesschwäche oder Krankheit eingeschränkt ist.

Testierfreiheit
Freiheit einer Person, → letztwillige Verfügungen zu treffen. Im Grundgesetz grundrechtlich geschützt. Die Testierfreiheit ist jedoch durch das → Pflichtteilsrecht eingeschränkt.

Trust
Insbesondere in anglo-amerikanischen Rechtsordnungen übliche Treuhandkonstruktion, die auch für die Nachlassgestaltung eingesetzt wird.

Universalsukzession
→ Gesamtsrechtsnachfolge.

Verfügung von Todes wegen
→ Letztwillige Verfügung.

Verkehrswert
Der bei einem Verkauf auf dem freien Markt erzielbare Wert eines Wirtschaftsgutes.

Vermächtnis
Zuwendung eines Vermögensvorteils beim Tode des → Erblassers durch → letztwillige Verfügung. Im Gegensatz zu anderen Rechtsordnungen, die auch das „Vindikationslegat" kennen, bekommt der → Vermächtnisnehmer nach deutschem Recht nicht unmittelbar das Eigentum an dem vermachten Vermögen, sondern nur einen schuldrechtlichen Anspruch gegen den oder die → Erben auf Übereignung („Damnationslegat").

Vermächtnisnehmer
Person, der ein → Vermächtnis zugewandt wird.

Versorgungsfreibetrag
→ Freibetrag zugunsten des überlebenden Ehegatten und der unter 28 Jahre alten Kinder des → Erblassers bei der → Erbschaftsteuer, um deren Versorgung sicherzustellen.

Vertrag zugunsten Dritter
Vertrag zwischen zwei Personen, der eine Leistungspflicht einer der Vertragsparteien nicht an die andere Vertragspartei, sondern an eine dritte Person begründet. Je nach Ausgestaltung des Vertrages hat nur der Gläubiger oder aber auch der Dritte einen Anspruch auf Erfüllung der versprochenen Leistung.

Verwaltungsvollstreckung
→ Testamentsvollstreckung.

Vorausvermächtnis
Einem → Erben zugewandtes Vermächtnis. Dieser Erbe bekommt das → Vermächtnis ohne Anrechnung auf seine → Erbquote, d.h. zusätzlich zu dem ihm quotal zustehenden Anteil am restlichen → Nachlass.

Vorerbe
Der Vorerbe erbt direkt beim Tode des → Erblassers, das Ererbte fällt jedoch beim → Nacherbfall an den → Nacherben.

Vorerbschaft
Der → Erblasser kann verfügen, dass sein Vermögen oder ein Teil davon zunächst auf eine oder mehrere Personen (→ Vorerbe), später zu einem bestimmten Zeitpunkt oder bei Eintritt eines bestimmten Ereignisses (→ Nacherbfall) dann auf eine oder mehrere andere Personen (→ Nacherbe) übergehen soll. Die beim → Vorerben anfallende Erbschaft wird als Vorerbschaft bezeichnet. Das Gesetz sieht weitgehende Verfügungsbeschränkungen für den → Vorerben vor, um dem Nacherben die Substanz der Erbschaft zu erhalten (nicht befreite Vorerbschaft). Der →

Erblasser kann den → Vorerben jedoch in seiner → letztwilligen Verfügung von den meisten dieser Beschränkungen befreien (befreite Vorerbschaft) und ihm somit größere Verfügungsrechte über den → Nachlass zugestehen.

Vormundschaftsgericht
Abteilung des Amtsgerichts, die für Betreuungssachen, Adoptionen und Vormundschaften zuständig ist.

Vorsorgevollmacht
Vollmacht, in der Regel Generalvollmacht, für den Fall, dass der Vollmachtgeber wegen Krankheit, Alter, etc. selber nicht mehr in der Lage ist, seine Angelegenheiten selbst zu regeln.

Vorweggenommene Erbfolge
Übertragung von Vermögen an die Nachkommen schon zu Lebzeiten, meist aus dem Grund, um die für lebzeitige Schenkungen und Erbschaften gleichermaßen geltenden Steuerfreibeträge mehrfach ausnutzen zu können.

Wechselbezügliche Verfügungen
Verfügungen in → Ehegattentestamenten, die in einem Gegenseitigkeitsverhältnis stehen. Sie können nicht ohne Wissen des anderen zu Lebzeiten beider Ehegatten geändert werden und entfalten nach dem Tode des Erstversterbenden ähnliche Bindungswirkung wie vertragsmäßige Verfügungen in einem → Erbvertrag.

Wiederverheiratungsklausel
Regelung in → Ehegattentestamenten über die Folgen einer erneuten Eheschließung des überlebenden Ehegatten. Meist wird die Wiederverheiratung als → Nacherbfall für die →Nacherbschaft der gemeinsamen Abkömmlinge festgesetzt oder die → Testierfreiheit für vorher erworbenes Vermögen eingeschränkt.

Wohnrecht
Recht einer Person, ein Grundstück ganz oder zum Teil unter Ausschluss des Eigentümers selber zu nutzen. Das Wohnrecht unterscheidet sich vom → Nießbrauch dadurch, dass der Wohnberechtigte kein Recht auf die Früchte (insbesondere Mietzinseinnahmen) hat, wenn er das Gebäude nicht selbst nutzt.

Zugewinnausgleich
Ausgleichszahlung desjenigen Ehegatten, der im Laufe der Ehe mehr verdient hat, an den anderen Ehegatten bei Beendigung des → Güterstandes der → Zugewinngemeinschaft durch Scheidung oder Tod eines Ehepartners. Bei der Beendigung des → Güterstandes durch Tod eines Ehegatten kann stattdessen auch ein pauschalierter Zugewinnausgleich in Höhe eines Viertels des → Nachlasses gewählt werden.

Zugewinngemeinschaft
→ Gesetzlicher Güterstand, der jedoch durch notariellen → Ehevertrag modi-

fiziert oder durch einen anderen → Güterstand (→ Gütertrennung oder → Gütergemeinschaft) ersetzt werden kann. Während der Ehe sind die Vermögensmassen der beiden Ehegatten voneinander getrennt. Bei Auflösung der Ehe durch Scheidung oder Tod eines Ehegatten wird verglichen, wie viel die beiden Ehegatten im Laufe der Ehe hinzuverdient haben. Die Differenz der Zugewinne ist soweit auszugleichen, dass beide Ehegatten gleich viel hinzuverdient haben (→ Zugewinnausgleich).

Zustiftung

Zuwendung in das Kapital einer bereits bestehenden → Stiftung.

Stichwortregister

A
Abfindung 76
Abwicklungsvollstreckung 41
Alleinerbe 44, 97, 112
Amtsvormund 119
Änderung der Rechtsform des Unternehmens 61
Änderungsklausel 89
Anordnung der Vormundschaft 119
Anspruch gegen die Erben 29
Anteilsübergabe gegen Leibrente 57
Aufhetzung der eigenen Ehepartner und Kinder gegen die Geschwister 84
Auflage 126
Auseinandersetzung des Nachlasses 126
Auseinandersetzungsverbot 126
Ausgleichspflicht durch den/die Erben gegenüber dem/den Pflichtteilsberechtigten 94
Ausgleichszahlungen an Dritte 61
Ausschlagung 126

B
Bankvollmacht über den Tod hinaus 126
Befreite Vorerbschaft 126
Behindertengerechtes Testament 126
Berliner Testament 126
Beschränkter Vorerbe 19
Besitzgesellschaft 117
Bestechung und Käuflichkeit 95
Bestellung eines Ergänzungspflegers bei einem Minderjährigen 120
Bestellung eines Ersatzbetreuers bei einem Volljährigen 120
Bestimmungsvermächtnis 126
Betreuer 120
Betreuung 120, 127
Betreuungsverfügung 127
Betriebsaufspaltung 127
Betriebsvermögensfreibetrag 127
Betriebsvermögensprivilegien 127
Betrug von Todes wegen 99
Bewertungsabschlag 127
Bindungswirkung
- einer Verfügung von Todes wegen 89
- von letztwilligen Verfügungen 88
Buchgewinn 127
Buchwert 127

D
Dauernde Last 127
Dauertestamentsvollstreckung 127
Dauervollstreckung 42, 127
Destinatäre 34

E
Ehegattentestament 44, 127
Ehevertrag 128
- und Erbvertrag 83
Eigenhändig geschriebenes Testament 124
Einbringung 128
Einheitswert 128
Einmalzahlung 61
Einzelrechtsnachfolge 128
Enterbung 115, 128
Entlohnung für übernommene Pflegeleistungen 93
Erbanfall 128
Erbauseinandersetzung 70, 128
Erbausschlagung 128
Erben 128
- Ausschluss vom 24
- Erpressung der Kinder durch Erbversprechen 97
- Neid und Geiz 24
- positive und negative Gefühle 87
- und Gefühle 70
Erbeinsetzung 29
Erbengemeinschaft 128
Erbenhaftung 129
Erbersatzsteuer 129
Erbfolge 129
Erbgang 129
Erblasser 129

Erbquote 129
Erbschaften 97
Erbschaftsteuer 129
Erbschaftsteuerrichtlinien 129
Erbschaftsteuerwert 129
Erbschein 129
Erbstreitigkeiten 11
Erbteil 129
Erbvertrag 103, 105, 130
Erbverzicht 130
Erfüllung von Pflichtteilsansprüchen 76
Ergänzungspfleger 114, 119
Ergänzungspflegschaft 119
Ergänzungsvormund 114
Ernennung eines Testamentsvollstreckers 41
Eröffnung des Testaments 121
Errichtung eines notariellen Erbvertrags 89
Ersatzbetreuung 120
Ersatzerbe 130
Ersatznacherbe 112
Erstellung eines Nachlassverzeichnisses auf Verlangen des Nacherben 19
Ertragswert 130
Ertragswertverfahren 130

F

Faire Rückforderungsklauseln 62
Familiensitz 14
Familienstiftung 37, 130
Fideikommiss 130
Formerfordernis letztwilliger Verfügungen 121
Formrichtige Abfassung eines Testamentes 124
Freibetrag 130

G

Gemeinnützige Stiftung 34
Gemeinsames Testament
– Änderung 88
Gemeinschaftliches Ehegattentestament 88, 124
Gemeinschaftliches handschriftliches Testament 125
Gemeinschaftliches Testament 112, 130
Gesamthandsgemeinschaft 130
Gesamtrechtsnachfolge 130
Geschäftsfähigkeit des Betreuten 120
Gesellschaft bürgerlichen Rechts (GbR) 131
Gesetzliche Erben 43
Gesetzliche Erbfolge 131
Gesetzlicher Erbteil 131
Gesetzlicher Güterstand 131
Gewerblicher Grundstückshandel 131
Gewillkürte Erbfolge 131
Gleichgeschlechtliche Paare 125
Grundbuch 131
Gütergemeinschaft 131
Güterstand 131
Güterstandsregister 131
Gütertrennung 61, 132

H

Hass und Rache 90
Hochstaplerin 101
Holding für das Familienvermögen 37
Homosexualität 7

I

Immobilien 15

J

Juristische Person 132

K

Kapitalkonto 132

L

Lebenspartnerschaft nach dem Lebenspartnerschaftsgesetz 125
Lebzeitige Übertragung von Immobilien und anderen Vermögensgegenständen 93
Lebzeitige Unternehmensnachfolge 61
Leibgeding 132
Leibrente 132
Letztwillige Verfügung 132
Liebe und Macht 86
Lieblingskind 68

M

Macht 36
Machtwort des Erblassers 81
Mein Wille geschehe 111
Missgunst 84
Miterbe 132
Mittelbare Grundstücksschenkung 132

Modifizierte Zugewinngemeinschaft 61

N
Nacherbe 19, 112, 132
Nacherbfall 132
Nacherbschaft 133
Nachfolgeklausel 133
Nachlass 133
- Häuser 14
- Wohnung 15
Nachlassgericht 133
Nachlassinsolvenzverfahren 133
Nachlasssteuer 133
Nachlassverbindlichkeit 133
Nachlassversteigerung 133
Nachlassverzeichnis 133
Nachvermächtnis 133
Neid 84
Nibelungensage 83
Nichtbefreite Vorerbin 112
Nicht eheliche Kinder 73
Nießbrauch 133
- an der verschenkten Sache 94
Nießbrauchsvorbehalt 134
Nobelpreis-Komitee 39
Notarieller Erbvertrag 76

O
Objektgesellschaft 134
Öffentliches Testament 134
Öffnungsklausel 89, 116, 134

P
Patientenverfügung 134
Personensorge 119
Pflichtteil 76, 113, 114, 134
Pflichtteilsansprüche 76, 93
Pflichtteilsberechtigte 76
Pflichtteilsergänzungsanspruch 134
Pflichtteilsforderungen 118
Pflichtteilsstrafklausel 134
Pflichtteilsverzicht 76, 134
- Folgen 76
Pflichtteilsverzichtsvertrag 75
- notarielle Beurkundung 76
Polaritätsgesetz 12

R
Ratenzahlung 61
Registergericht 135
Rente 135
Rentenzahlung 61
Richtiges Sterben und Vererben 6
Richtiges Vererben und Verschenken 1
Right Livelihood Award 39
Ring des Nibelungen 71
Rückfallklausel 135
Rückübertragungsanspruch 135

S
Schenkung 20, 90, 93, 104, 135
- auf den Todesfall 105, 135
- 10-Jahres-Frist 94
- unter Ehegatten 94
- unter Lebenden 135
- von Todes wegen 135
- zu Lebzeiten 90
Schlusserbe 135
Sehnsucht nach Unsterblichkeit 32
Sexualität 7
Singularsukzession 135
Sozialhilfefestes Testament 135
Stiftung 31, 34, 37, 135
- Gründung zu Lebzeiten 34
- gemeinnützige 33
- von Todes wegen 35
Stiftungsgründung 34
Stiftungszweck 35
Stille Beteiligung 135
Stille Reserven 135

T
Tabu 5
- Geld 7
- Homosexualität 7
- Sexualität 7
- Tod 6
Täuschung 100
Teilungsanordnung 136
Teilungsverbot 136
Teilungsversteigerung 136
Testament 11, 16, 23, 25, 57, 76, 103, 121
- Änderung 83

- Aufbewahrungsort 125
- Bindungswirkung 88
- den Erben verständlich machen 82
- eigenhändig geschriebenes 124
- fehlerhaftes 107
- Folgen des 109
- handschriftliches 122
- in amtlicher Verwahrung 88
- Losverfahren 109
- Musterformulierung 81
- Notar 124
- Original 124
- strenge Formvorschriften 124
- Unterschrift 124
- unwirksames 121
- Widerruf 88
- Widerrufserklärung 88

Testamentarische Regelungen bereits zu Lebzeiten des Erblassers 77
Testamentseröffnung 136
Testamentsvollstrecker 37, 41, 112, 120, 136
- Befugnisse des 41
- Person des 41

Testamentsvollstreckerzeugnis 41
Testamentsvollstreckung 112, 136
Testierfähigkeit 136
Testierfreiheit 136
Tod 6
- des Erblassers 19
- des Vorerben 19
- und Vererben 77

Trust 136

U

Übergabe an die nächste Generation 77
Übergabe von Einzelunternehmen 61
Übernahme von Verbindlichkeiten 61
Übertragung eines größeren Vermögenswertes zu Lebzeiten 93
Übertragung von Unternehmen 61
Umwandlung 61
Unbeschränkter Vorerbe 19
Unbeschränkt verfügungsberechtigte Vollerbin 117
Universalsukzession 136
Unternehmensnachfolge 57, 63
- kultivierte 65
- zu Lebzeiten 61

Unternehmensübergabe
- frühzeitige 59

Unterschied zwischen Erbe und Vermächtnis 29

V

Verbot der Verfügung über Grundstücke 19
Vererben 6, 29
- durch Coaching besser gestalten 98
- und Geiz 24

Verfügung von Todes wegen 137
Verhinderungsbetreuung 120
Verkehrswert 137
Vermächtnis 29, 137
- -nehmer 29, 137

Vermögenssorge 119
Vermögensübertragungen zu Lebzeiten 97
Versorgungsfreibetrag 137
Vertrag zugunsten Dritter 137
Verwaltung der Vorerbschaft 19
Verwaltungsvollstreckung 42, 137
Volljährigkeit des Nacherben 19
Vorausvermächtnis 137
Vorerbe 19, 137
- Verkauf von Nachlassgegenständen 20

Vorerbschaft 137
Vormund 119
Vormundschaft 119
Vormundschaftsgericht 120, 138
Vorsorgevollmacht 138
Vor- und Nacherbschaft 19
Vorweggenommene Erbfolge 138

W

Wechselbezügliche Verfügungen 138
Wiederverheiratungsklausel 138
Wohnrecht 138

Z

Zugewinn aus der ersten Ehe 78
Zugewinnausgleich 61, 138
Zugewinngemeinschaft 138
Zustiftung 139
Zuwendung
- Bruchteil des Vermögens 29
- Vermögen als Ganzes 29